最後の授業

心をみる人たちへ

北山 修

みすず書房

最後の授業　心をみる人たちへ

目次

I

最後の授業　テレビのための精神分析入門

II

ここに収めたのは、著者が九州大学を退官するにあたって、2009年末から2010年初春にかけて行われた一連の最後の授業／講義を再録・編集したものです。

I「最後の授業　テレビのための精神分析入門」は、教育学部2年生以上の学生たちを中心に約200人に向けて、毎週月曜日の4限目（2時50分—4時20分）に行われた精神分析学の授業の最後の2回（2010年1月18日・25日）です。この授業はテレビでの放映（NHK教育テレビ）が計画されたため、その録画という設定自体が授業の内容（テーマ）として取り込まれたものとなりました。

II「最終講義　〈私〉の精神分析——罪悪感をめぐって」は、2010年2月28日（日）の午後に九州大学箱崎文系キャンパス・大講義室で、退職記念事業会の協力を得て約500人の参加者に向けて行われました。

III「「精神分析か芸術か」の葛藤——フロイトは私のことが嫌いだと思うことから」は、2009年9月6日に京都国際会館にて行われた臨床描画テスト・描画療法学会第19回大会での特別講演「〈精神分析か芸術か〉の葛藤について——特にフロイトの」、および12月21日に九州大学で行われた授業内容を改めて整理し直したものです。

巻末には著作リストを付しました（論文は除く）。本書にも出てくる著者の精神分析理論をより深く知るための参照文献としてご活用いただけることを願っています。

I

最後の授業　テレビのための精神分析入門

第1回――2010年1月18日／前半

テレビのための授業という実験

私は、今から35年ほど前に短期間マスコミに深く関わって、一時期はテレビやラジオによく出ました。その時にだんだん私が感じるようになったのは、いったいどこで誰が私を見ているのか分からない、話しているのか分からないということでした。それがすごく不安になったのです。ときどき、知らない人に親しげに「こんにちは」なんて声をかけられて、なんだか気持ちが悪くなってきたというようなことがありました。そういうことが起こって、テレビの世界から降りました。

でも、今の世の中は、世の中そのものが劇場化されてきている。私たちのなかの多くの人が、どこで誰が見ているか分からないということを気にしながら生きている。そして、そのことそのものがパラノイア的[1]で神経症的[2]だと感じられるようになってきた。

だから、私にとっては、今日のテレビのための授業というのは実験です。こういうカメラに見られている状況にいったい私たちは耐えられるのか。これで普通の講義ができるのか。でも、やってみようじゃないかと思うんですよ。ですから、話を聞いてくれるのも質問してくれるのも、是非とも普通にいきましょう。どこで誰が見ていたって、あるいはどんなふうにこれを解釈されたって、言いたいことだけは言うようにして。やりたいように生きてみようというかな、やってみようと思うんです。そして、九州大学で心理学を学ぶ学生のみなさんにも私の実験であり挑戦であるこの機会に一緒に参加していただきたいと思って、こういう設定をしました。

1　パラノイア　妄想症。典型的な妄想は迫害と誇大の内容の混淆したかたちをとる。恋愛、嫉妬、心気といったテーマの被害的内容となることが少なくないが、一つの主題に局限されることは稀。患者の多くは、妄想以外の面では言動に目立った異常は示さない。

2　神経症　精神病やパーソナリティ障害よりも軽症で、ストレスなどの心因で起こる精神疾患のこと。人格にまとまりがあり、心的に引き裂かれやすいところで葛藤を経験できるとされる。古典的には不安神経症、強迫神経症、恐怖症、ヒステリー、抑鬱神経症などに分類される。

テレビ的状況を精神分析的に考える

迷った末に、なぜ私は今日この講義を公開で行うことにしたのか。それは、私には言いたいことがある、思うところがある、みなさんと一緒に考えてみたいことがあるからです。それはテレビの精神分析[3]であり、あるいはテレビを使って精神分析的に考えてみようということです。

　亡くなったニュースキャスターの筑紫哲也さんとマスメディアについて話をした時に、筑紫さんが「テレビに出るというのは魂を売ることだ」ということをおっしゃったんです。[4]それは私がテレビ界から降りたことと深く関わっています。そしてまた今日、みなさんもある程度、自分が映されていて、そして見られていて、そしてそれをどう解釈されているか分からないというテレビ的と言えるような状況を共有していると思うのです。

　というのは、私たちは、いまや自分たちで撮影して編集できるさまざまなメディアを手に入れているからです。写真機にはじまって、テープレコーダー、ビデオ、デジタルカメラ、携帯カメラ……。今日私たちは、自分の姿や声を写しとり、それを照らし返すかたちで私たち自身を見ることのできる機器や媒体に満ち満ちている社会に生きている。こういったメディアのありようが人の心のあり方に大きな影響を与えていることは間違いないことだと思います。

　そして、なかでもテレビというマスに向けたメディアは、見る側の心にたいへん大きな影響を与えていると思います。テレビに映し出され、ばらまかれている暴力的なシーンやセクシーな映像は、みんなの欲望を反映してそれを処理してい

3　精神分析　ジークムント・フロイトによって創始された心理学・心理療法。人間の言葉、行動、空想、夢、症状などの無意識の意味を理解する心理学的な解明方法で、（1）実践的には自由連想法によって行われ、（2）被分析者（ここでは患者やクライアントと呼ばれる）の抵抗、転移、心的葛藤の認識とそれに対抗する治療者の解釈（説明―伝達）、逆転移（および抵抗）の洞察をもちいて人間理解の深化を目指す。さらに、（3）これらの精神分析的な解明方法と精神療法によって得られる経験的素材にもとづいた一連の心理学的精神病理学的理論なども合わせたものが、精神分析と呼ばれる。

4　この筑紫哲也氏との対談「あとの祭り」を大事にしよう」は『ふりかえったら風 1』（みすず書房、２００５）に収められている。

る、あるいはそれに関わる不安を処理しているという言い方もできるでしょう。さまざまなかたちで見る側の魂のあり方に非常に大きな影響を与えている。そして同時にそのことは、テレビに出る側やテレビに関わる人たちみんなの心のあり方にも影響を与えていると思うのです。この講義でそのことを精神分析家[5]として考えてみたいと思います。

心には裏の意味がある

いつものように私の方法は言葉です。精神分析というのは人間の心に「無意識」があることを認める学問であり精神療法です。心のありように意識と無意識の二つの領域を認めて、心の動きを観察し、それを言葉で取り扱う。心の裏側、心の見えないところ、心の普通はあまり意識されない領域のことについて言葉で考えるのです。精神分析は臨床心理学[6]、精神医学[7]のなかでも言葉をとても重視する、あるいは言葉を愛している学問です。だから、今日の講義では、テレビの無意識というか、あまりテレビでは話されないことが言葉にされるかもしれない。そのことに挑んでみたいと思うのです。

心とは意味に満ち満ちているものです。私は、心はなにかを思い、そして意図

5　精神分析家　フロイトの精神分析理論・技法にもとづいてなされる精神療法を実践する医師やサイコロジストのこと。古典的な精神分析では、寝椅子（カウチ）を使った自由連想法を用いて、週4―5回面接（セッション）が行われる。今日では修正された理論と技法を用いた週1―3回の面接の療法も行われ、これは古典的な精神分析と区別して精神分析的精神療法と呼ばれる。

6　臨床心理学　臨床実践を中心に据える心理学の分野。社会福祉や心理的健康への貢献を目的とし、障害や困難の見立て、対処、予防のための研究と訓練・教育を行う実践的心理学のひとつ。

しよう、意味しようとしている装置であると思っています。心とか言葉とかと一言で言いますが、もちろんその定義についてはさまざまありすぎて、すべて網羅できるものでもありません。ここでは精神分析の観点を強調するために単純化して、「心とは裏の意味である」という定義に焦点づけたい。それは、「何々とかけて何々と解く、してその心は」というときの心ですね。なにを意味しているのか、ということです。この心は表にはっきりとあらわれていない。背後にある。こういう、表に出にくい心の部分を私たちは取り扱っているのです。

だから、言ってみればこの授業の総合タイトルは「裏をめぐって」です。「裏」がキーワードです。

日本語の「裏」というのは、「うら恥ずかしい」とか「うら悲しい」とか「うら淋しい」とか、そういうふうに使われることがあります。これらと同じように「うら」を使った表現はまだまだあります。どことなく、後ろのほうで、隅で、奥で体験している、という意味の「心《うら》」。そういった空間を「心《こころ》」と呼びたい。

そういった「心《こころ》」は、それを体験している本人以外の人には説明されないと分からない。言葉で示されないと分からないですね。なぞかけで「その心は？」と問われても、私たち観客はなんのことかよく分からないけれど、本人がこうこうこうですと言ってくれると「ああ、なるほど、そうだったのか」と思うことがよ

7　精神医学　精神疾患に関する医学的な理論や療法の全体をさす。

くありますね。ここで言う「心」はそういう裏にある意味のことです。

この言葉の使い方には、土居健郎先生が『表と裏』[8]のなかで注目しておられるのですが、日本語の「裏の意味」という言い方も、なかなか絶妙だと思います。意味には表の意味と裏の意味がある。だから、意味には二種類ある。おそらくこれは、精神分析は心に意識と無意識の二重構造を認めるということと対応しているのです。

日本語で「裏」というと心のことを指している。そういった心の領域があることを感じて「うら」と呼んだ。そのような文化を総合すると、日本人は心、特に裏としての心、これが簡単には表に出るものではない、あるいは表現できるものではないということを知っていたと思うのです。私はここがすごく大事だと思います。

その領域は、目に見えないし、証明もしにくい。患者さんやクライアントさんは、症状を訴えてやって来るけれど、すべてその背後には裏があり、裏の意味があって、その意味を考慮しながら症状を取り扱うのが精神分析的な心理療法[9]、あるいは精神分析的な精神医学、あるいは精神分析的な臨床心理学なのです。

8　土居健郎『表と裏』（弘文堂、1985）

9　心理療法／精神療法　心理的な問題をもつ人に対する職業的専門家による心理的治療のこと。日本では伝統的に、精神科医を中心とした医師は精神療法と呼び、サイコロジストは心理

精神分析は心の裏の意味を読み取る

ここで、心の裏の意味を言葉にすることで得られることを、すこし確認しておきましょう。

まず一番目に、目に見えないものに名前をつけることで、それが取り扱いの対象になるということ。これはとても大事な営みです。

日本に解剖学がなかった時代に、杉田玄白や前野良沢ら医学者がオランダの解剖学を知って、腑分けを行ったという話はみなさん歴史の時間に教わりましたね。[10] 腑分けによって、これが肺、これが肝臓、これが腎臓、と名前がつけられ、その途端に、臓器は取り扱いの対象になった。それまで私たちは、身体の裏側は醜い、汚い、恐ろしい、なんて思っていたのに。そして、それは日本における西洋医学のはじまりでもあった。

これと同じように、精神分析は言葉を重視して、臨床心理学というなかなか言葉にならない領域に言葉を持ち込み、名前をつけはじめた。それによって心の動きを観察することができるようになった。とても大事な変化だったと思います。「精神分析は言葉にしすぎる」とよく言われますが、私はこの動きこそが画期的

療法と呼ぶが、内容はほとんど同じ。今日までに発展してきた精神療法には、大きく分けて以下の四つがある。(1) 表現的精神療法 (2) 支持的精神療法 (3) 洞察的精神療法 (4) 訓練療法。

10　18世紀、杉田玄白と前野良沢らがオランダ語版の医学書『ターヘル・アナトミア』の記述をもとに死刑囚の腑分け（解剖）を行い、日本ではじめて人体の構造を明らかにした。その後この本を翻訳・再構成し『解体新書』として刊行した。

なのだと思っています。言葉を重視しないと言う人も、言葉でそう言っている。やっぱり、言葉なしではなにも話ができない、議論できないと思うのです。

二番目は、言葉にすることで、溜まっているものを外に出すことができること。これは「カタルシス効果」と言います。「浄化法」[11]と訳されるとおり、鬱積していた情緒や思いが吐き出されて、心がすっきりする。

私も最近、ある患者さんに、「心に溜まっていることが口にできて、まるで排泄物のようにすっきりしましたね」と言いました。このように、言葉にすることですっきりする効果、これがカタルシス効果です。心が洗われるというところまではいかないかもしれないけれど、捌け口を見つけて、言葉で吐くことができる。ドラマで刑事が「さあ、吐け！」と言う場面がよく出てきますけど、あれですね。言葉で吐く。はけ口の「捌け」と吐くの「吐く」は違う字を書くんですが、当て字としてここで「吐け口」と書けば、意味がさらにはっきりしてくると思います。

三番目は、言葉によって意識化できること。さきほどから強調しているように、裏の意味、裏の心が言葉によって表になる。操作の対象にできる。これを狙っているのが精神分析の言語使用です。

さらに、言葉にすると筋を通すことになる。整合性を求められる。秩序のもとに置かねばならない。これは共感と受容を強調する他学派の反感を買うようなと

11　カタルシス効果／浄化法　過去のショッキングな体験や罪悪感に満ちた体験などの抑圧されやすい心的外傷体験をはじめ、無意識に鬱積している欲求、感情、葛藤などを自由に表現させることによって心の緊張を解く方法。一般的にも「カタルシスを得る」という表現で使われている。

ころがあります。たしかにそうなんです。なぜかというと、言葉にすることで、みなさんがほんとうに言いたいことが言えているかというと、そうではない。そして心の質が変わってしまうのです。たとえば、心が直線になってしまう、筋《すじ》になってしまうということがあげられます。

「今日は朝から授業で北山先生の話を聞いている」と言う時、文章を「今日は朝から」ではじめているけれど、「朝から」と「授業で」と「北山先生の話」は同時に起こっているわけです。「北山先生が朝から話をしました」と言ってもいいし、「朝から授業を北山先生がしました」でもいいわけです。なにを言ってるかよく分からないけど（笑）、並べ替えるとこういうふうに混乱してくる。

つまり、「私はあなたを愛しています」と直線的に言っても、心では「私」と「あなた」と「愛しています」は同時に起こっている。それなのに、言葉にすると「私は」が最初に来てしまう。これは心の質が変わっているということです。真っ直ぐになってしまっている。心ってそんなものじゃない。みんないっしょくたになって同時にあるんですね。だから、言葉にする時に私たちは、どこか心のそのままの状態を変質させてしまっている。

それから、さっき「混乱してくる」と言ってしまったのは、心の中にはいろんなことが同時に浮かんでくるからです。言葉はひとつのことしか言えないけれど、

「愛しています」と言ってはいるけれど、同時に憎んでもいることだってある。ひとつのことを言うということは、片方を抑えつけてしまっている。片方を失ってしまっているとも言える。だから、言葉にすることでは心は部分的にしか表現されない。百万言尽くしても言いたいことが言えない。それが言葉だと思うのです。

私は、なんだか言葉が流暢に使えているみたいで、上手くものを言えているほうかもしれない。けれども、言葉にしながら、なんとなく心が変質してしまっている感じを常に意識している。だから、私はいつも、まったく別のことを言いたがっている自分をここで感じています。

言葉が人生を物語にする

しかし、ここで私がいつも言っている、言葉のある利点に注目したい。言葉は、人生を物語にするのです。直線的に描いてはいるけれど、人生を、あるいは私の九州大学での18年と半年をまとめてこんなふうに最後に語ることができる。物語を第二者、第三者と共有できるようになるということ、患者さんと治療者で共有できるようになるということ、これは言葉なしでは難しい。

絵物語という、絵を並べるだけで物語る方法もあります。でも、言葉の最大の利点は、自分の人生を自分の言葉で語ることができるということ。そのことが、たとえばお年寄りの人生をすこし支えてくれる。だって、それだけの物語が紡ぎ出せるというのは、長く生きてきたからです。言葉にしながらそれを噛みしめることができ、〈私〉を支えてくれる。そしてみなさんに提供できる。それが悲劇であっても、もう一度その悲劇について考えることもできるし、語り直し、紡ぎ直すこともできる。

人生を語る絵とか、人生を語る音楽とか、人生を語る踊りとか、それらはありうるけれども、長い人生について語るのは素人にはなかなか難しい。言葉は大変な道具もいらないし、多くの人にとって非常に便利です。ですから、人の人生や生き方を取り扱う学問である臨床心理学は、言葉なしでは成立しえないのではないかと思うのです。

心は空間

これはフロイト[12]が１９３３年に発表した『続精神分析入門』のなかに出てくる自我の図です（図１）。これ、なかなか面白いですね。私はこの絵が好きなんです。

12　ジークムント・フロイト（１８５６—１９３９）オース

フロイトは心の装置をこのような図であらわしました。このような横向きではなくて、縦向きである場合もあります。出版時の事情で横になったんだとか、いろいろな話があります。[13] とりあえず、日本の出版社（人文書院版フロイト著作集1『精神分析入門（続）』）も横に置いて出しているので、そのまま引用しています。意識が手前にあって、無意識が奥にある。

　横に置きますと、さらに興味深いのは、この図、見方によっては眼球の解剖図に見えるんです。この心の解剖図が、眼球の解剖図に非常に大きな影響を受けて描かれたのではないかという考えがありますし、カメラにも似てますね。外から入ってくるものを心の奥底で捉えているみたいで、そこが無意識の領域である。あるいは、奥の方の身体に接近している部分が無意識の部分であり、心の前面にある領域が意識である。そして、自我は無意識の内容を抑圧しているという図です。

　でも、心がこうじゃなくちゃいけないとは思わない。眼球のように描かれねばならないのかというと、もっと違う描き方があってもいいんです。でも、フロイトはこういうふうに描いた。こういうふうに描いたことによって「見る心」というイメージを私に生み出したと思うし、同時に、やはり心には表と裏、この図に即して言うなら前と奥があると私は考えたのです。

トリアの精神分析家・精神分析の創始者。神経病理学を修めて後、ヒステリーの問題に関心を寄せる。ヒステリー患者の根本的治療を模索する開業生活の中で、リラックスした状態で自由に心の葛藤を語ってもらう「自由連想法」からなる「精神分析療法」を開発。

　臨床から得た神経症者の幼児期体験、性倒錯、自己分析の資料を基に、神経症状は無意識的な意味をもつと仮設し、その意味の解読法の探求から、抵抗、抑圧、転移など、さまざまな精神分析の基礎概念を描き出した。やがて心の装置や構造の見地から、意識、記憶、情動、欲動、自我、思考、眠りと夢などの心理学的問題を考察し、そこから今日の精神分析学の基礎となるさまざまな理論や概念を生み出した。

　著書には『夢判断』（1900）の他、『精神分析入門』（1917）などがあり、著作の大半は人文書院刊「フロイト著作日本語では「心の隅」「心の奥」「心の端」「心の見えない領域」とか言えるでしょう。そういう言い方と無意識の領域のイメージはかぶるんですね。だから私は、日本人はフロイトのこの思考に合っていると思う。日本人の心の感じ方とフロイトの感じ方は重なっているところがあると感じます。

しかし同時に、日本語は非言語を好むという問題があります。みなさんも分かりますよね。日本人ははっきりものを言うことを好まない。行間を読む、「言わぬが花」「めったなことは言わないほうがいい」と言うし、曖昧さを愛す。

「北山君、九州で言葉言葉と言ってると嫌われるよ」と偉い先生に言われましたが、そんなに嫌われなかったと思います（笑）。こういうことをいつも言っていると、同業の先生が「北山先生、私の患者はみんな無口ですよ」と言ってくる。でも、そういう先生たちは、患者がよく喋りはじめると私のところに回してくるんですね。なんだかすごく面倒臭そう（笑）。

だから、私は、無口な日本人ってそんなに多くないと思うんです。日本人はみんなのいるところではたしかに無口になります。そして、日本人はここでは言ってはいけないこと、ここでは見てはいけないこと、見せてはいけないこと、こういったことをすごく気にするので、表に出さないものが心に溜まりやすい。授業でも「はい、質問は？」と言うと全然質問しないのに、「はい、授業終わります」

集」と岩波書店刊「フロイト全集」で読むことができる。

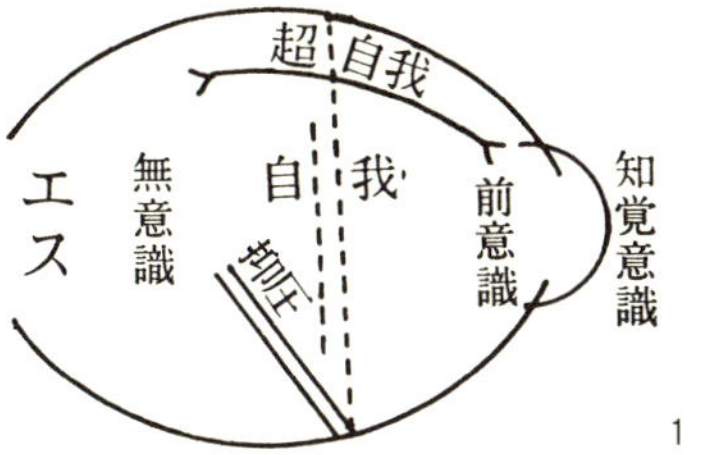

1

13　吉田稔「Freud の言葉を考え直す——ドイツ語学習者の観点から見た「想起、反復、徹底操作」」、「心理臨床学研究」22（4）, pp.358-369, 2004.

と言うと、わーっとみんな一斉に話し出す。そんなふうに二つの領域で話を使い分ける。無口な表とお喋りな井戸端。みなさんの精神衛生に井戸端会議がどれほど役に立っているいることか。

無口と言われる日本人も、面接室では多くが言いたいことを言います。ここだけの話ということが分かると、多くの方が話しはじめます。それは私たちの経験的事実です。話をしてもらうためには、治療者は、安心できる相手、秘密が保たれることを保証する聞き手にならなくてはならない。ここだけの話として話を聞く用意があることを強調し、二人の間に信頼が生まれると、みんな「心の秘密」を語りはじめるのです。でも、同じ人に、「では、調査研究でなにか喋ってください、マルペケしてください」と言うと、なんだかころっと違うことを言いはじめることがある。その時はすべてが表になる。つまり、誰が見ているか分からないここで、その裏の話はできないだろうと言うわけです。ここが私は大問題なんではないかと思うのです。だから、二人だけの話を簡単にべらべら周りに喋る人間は、精神分析家に向いていない。

ですから、二人のための言語としてまだまだ言葉に期待できるということを、私は強調したい。精神分析について、密室主義とか個室主義とか、二人だけで部屋に入ってなにしてるんだかよく分からないというようなことが言われるけれど、私は日本人に言いたいことをもっともっと言ってもらうためにも、まだまだ精神分析の言葉に期待したいのです。

私たちは心の表と裏の葛藤を生きている

日本人のことを考えるためにも、精神分析のことを考えるためにも、「表と裏」はキーワードです。このことについての代表的な研究書に、土居健郎先生の『表と裏』と小此木啓吾先生の『秘密の心理』[14]があります。どちらも精神分析の研究者で、大先輩であり、今日の話題はそういう議論を受けて日本の精神分析の最大の関心事を、私なりに取り上げているのです。

心には意識と無意識、あるいは表と裏があると言ってきましたが、これを混同するのが精神病であり、その間で葛藤してのたうちまわるのが神経症であり、これを分裂させて二重に生きてしまうのがパーソナリティ障害[15]と呼ばれます。非常に単純化していますけれども、精神病は二重の心のありようを混同してしまうことであらわれるのです。

たとえば、車が後ろから追いかけてくる。あの白い車は私をつけている、と事実ではない裏を読んでしまう。そういう思いがあらわれても、心の片隅に置いて

14　小此木啓吾『秘密の心理』（講談社現代新書、１９８６）

15　パーソナリティ障害　その人の行動、態度、対人的な関わり合い、思考の様式などが普通の人と大いに違っていて、そのために自身が悩んだり周囲の人々を悩ませたりする場合にこう呼ぶ。

おく必要がある。私たちだって、「あの人は笑ってるけど、私の悪口を言っているのかもしれない」と裏の意味を読むことがありますね。そういうのを穿った見方、覗き込んだ見方と言うのですが。裏の意味ばかりが大きくなって、「あれは絶対私の悪口を言っているに違いない」と思うのは精神病状態なのです。私のこと嫌いかもしれないけど、私のこと好きかもしれない。あの人私に笑いかけてくれてるけど、腹の底では私のこと嫌いなのよね、というようなふたつの意味に受け取りながら、その間で葛藤し、つきあっていかざるをえない。それが私たちの日常です。私たちはみな、いくぶん神経症なんですね。私たちはこの表と裏の葛藤を経験している。

その間で二つの意味を両方受け取ってしまって、分裂させてしまうのが典型的なパーソナリティ障害でしょう。分裂させるというのは、あの人が大好きだけれども、状況によっては大嫌いになってしまうというように、コロコロ変わる生き方や態度がボーダーライン・パーソナリティ・ディスオーダー[16]のよく言われる特徴です。あるいは、表と裏の間にものすごい距離を置いてしまって、心の中で裏の意味をひた隠しに隠し、表だけで生きているような人たちもいます。このように、心の表と裏のあり方、両者の関わり合いは、生き方やパーソナリティの問題に発展します。

16　ボーダーライン・パーソナリティ・ディスオーダー（Borderline Personality Disorder/BPDと略す）　今日においては、「ボーダーライン」という名前は、精神病との境界にあるものとして、あるいは精神分析的理解から見て、特有な発達上の障害や停滞をもつパーソナリティそして、テレビ的状況で生きるとは。この授業もテレビカメラに捉えられています。ここで本音と建前、表と裏というふうに交流を使い分けるなら、テレビは建前あるいは表のことしか言えない。

テレビはあらゆるものを捉えて映し出すことができるように言われるけれども、私が言っている裏の話を映し出すことができるだろうか。

公共の前で言える言葉が臨床場面で語られているわけではない。ここで言われていることと裏の言葉ではギャップがある。心に表と裏があるように二種類の言語がある。そして言いたいけど言えないことがテレビの世界の裏に大量に溜まっていく。精神分析はその裏の言葉、裏の意味を読み取ろうとします。

お笑い番組の機能

私もテレビを見ることが大好きです。テレビは、私がその世界から距離を置いたこの40年の間に、地上波を中心にして考えると、日本製のドラマが減って韓国ドラマが増えました。もうひとつ大きな変化が、私が深く関わっていた歌番組がすごく減って、お笑い番組が増えた。

お笑い番組は、心の表と裏、言葉の表と裏の構造をまさに活用しているんです

のタイプなどとして使われる。しかしここで言う診断と病理学の記述は分かりやすさのためとは言え、あまりに単純化されすぎている。すくなくとも精神分析的精神病理学としては、拙著『覆いをとること・つくること』（岩崎学術出版社、２００９）やO・カーンバーグの一連の著作を参照してほしい。

ね。お笑いとは、裏をどさくさにまぎれて表出させるシステムをもっている。だから、お笑い番組はみなさんの健康に資すると言える。私もお笑い番組が大好きなので、ときどき講義で活用しますよね。「赤信号みんなで渡れば怖くない」とか「お父さん、お母さん、ほんとうに大きなお世話でした」とかを引用してきたりして。このように言葉を巧みに使うことによって、普段言えないことが表に出せるようになる。これがお笑い番組の意義だと思うし、フロイトが言ってきた無意識を意識化させる、それも公共の場面で意識させている。その時に笑いが起こるというわけです。

だから、ここが公開の授業であることをしっかり意識するなら、今ここでは心のことは察してもらうしかない。裏は裏に置いたまま汲み取ってもらうしかない。無意識のことは笑い事ではなく、察してもらうしかない。

そして、それを対象としてまじめに俎上にのせるために、精神分析の言葉が必要になる。本能、葛藤、不安、抑圧、自我、こんな言葉が生み出されました。そして無意識な思考、反抗的な、非合理的な、意識できない思考内容を辿るためには、もうひとつの言語が必要になる。それを学ぶのが精神分析学です。

ここでちょうど今日の授業の半分まで来ました。それでは、こんなことを言っておいて、「はい、質問」と言って質問が出るかどうかが今日の楽しみのひとつだったんだけど。是非、なにかあったらここで質問してもらいたい。人にどう思われようが、どこで誰が見ていようが、語ってみたい人がいたら是非、語っていただきたい。

［……］

日本人は無口だと言ってしまったためにこういう結果を生んでるわけではないと思うんだけど。いかがでしょう。はい、どうぞ。

――テレビということでいうと、たとえば水曜ロードショーなどで映画を放映するときに、映画評論家の方がまず作品を紹介しますよね。往年だと荻昌弘[17]さんであるとか。さきほど先生がおっしゃっていたような、そこにあらわれているものの裏の意味を言葉によって取り扱うということと、そういった、文学批評もそうかもしれないんですけど、テレビの中で映画解説をした後に映画をテレビの視聴者として見ていくという構成のあり方というのは、僕の中でとても重なって聞こえたのですが。印象、感想なので、質問にはなってないんですけど。

テレビでの映画放映の構成と精神分析が重なっているような気がする、という

17　荻昌弘（1925—88）映画評論家・料理評論家・オーディオ評論家。1970—88年の間、TBS「月曜ロードショー」の解説者をつとめた。

ことですか、どうだろう。テレビの映画解説の草分けといったら淀川長治[18]さんですね。でも、淀川さんは褒めることしかしないことで有名だったと思うんです。だから、けなすとか、あるいはさきほどから言っている私たちの個別のネガティブな思いの言語化にテレビは貢献しているだろうか。「この映画、面白くないですよ」などと言って解説する解説者は絶対いないと思う。それはもう見ないでくださいと言ってるのと同じだから。私は当たり前のことを言ってます。でもね、ここがすごく問題だと思うんですよ。テレビはあらゆるものをカバーできると言うものの、カバーできていない領域があることを知ることはとても大事だと思うんです。それは心の裏側であると思います。

――ちょっと思ったんですが、今のこういう授業というのも表なんでしょうか。私たちは、先生に「なにか質問ありませんか?」と言われて黙っている。そうすると、「なんか質問をしてくれないかな」という部分も出てきて……。先生たちは表だけですか、そういう時。

ああ、ここですね。そう、だから是非、この番組が編集されてオンエアされた時の様子を見てほしい。そうすると、いま若干流れている、なんとなくしらじら

18　淀川長治(１９０９―９８)　映画評論家。１９６６―９８年の32年間、テレビ朝日「日曜洋画劇場」の解説者をつとめた。「サヨナラ、サヨナラ、サヨナラ」と締めくくる独特の語り口で知られた。

しい感じというかな（笑）。なんか、いつもはあるはずの打ち解けた雰囲気がなくなっている、この感じがどうなっているか。それはいつもの私とは違うからなのかもしれない。そう、だから、ここに流れている、なんか侵入者がいる感じ。あるいは見られている感じ。ここに流れている不自然なリアリティとオンエアされた時のあまりの自然さ。そのギャップはすごく面白いと思うんだよ。

それともうひとつは、私は若い頃に音楽で人と交流してきた人間で、ライブハウスから出てきた人間なので、いま目の前にいるこの200人くらいの人たちとの交流がちょうどいい。これくらいだと、だいたい分かるような気がするんですよ。ちょっとズレてる時も、空回りしている時も、圧倒的に空回りしている時もあるけど（笑）。だから、ここはマス・コミュニケーションなのかパーソナル・コミュニケーションなのかと言われると、中間くらいだと思うんですよね。そういう場面は出会いのないテレビジョンとは全然違う感じがする。ここにはささやかな出会いがあると思うんだよ。来週別れる時に、ちょっと痛い感じが必ず生まれると思うんです、諸君らともうここで会えないかと思うと。しかし、テレビはなんの予告もなく番組を打ち切ったりする。これをテレビで見てる人とは会ったことがない。その人と別れる時には痛みはないですよ、失礼ながら。だから、この差はすごく大事じゃないかと思うんですけど、いかがでしょう。私の肉体が灰になるところはここです。このリアリティですから。テレビの中の死人は死んだふりしかしていない。その差はすごく大きいですよ。

いろんな現実があります。心の中の現実。この現実。テレビの中の現実。映画の中の現実。いろんな現実があるだろうけど、血が流れているのはここですよね。事件はここで起きてるんだよ（笑）。面白いな。私はこういうことを言いたかった。「ここ」というものも重視するテレビ番組がなにかできたらと思っていたので。だから、今日は私の実験です。果たして、ここがどういうふうにオンエアされるのか。ここにいない第三者には、お前たちのこと知ったこっちゃないっていうふうに言っている、この感じをテレビの向こうの人たちがどういうふうに受け止めるのか。私は当たり前のことを言ってるだけかもしれないけれど。

ということで、見えない裏を考える。私がここでちょっと緊張しているということを察してもらうためにも、言葉が必要となる。明確にするためにはね。

第2回――――――――――2010年1月18日／後半

心の裏を見るための方法

はい、それでは後半の授業に入ります。前半では、人間には意識と無意識がある、心には表と裏がある、言葉の意味にも表と裏がある、という精神分析の考え方を紹介しました。そして、その考え方から患者さんと向き合う治療者は、秘密が保たれることを保証する聞き手にならなくてはならないという話をしました。

それではそのように心の裏を吐き出してもらう関係を築くには、どうすればいいのか。まず、精神分析が考えた設定[19]をご紹介しようと思います。

フロイトは心の裏を見るための方法を考えました。まず、日常生活のなかに面接室という場所を設けた。しかしそこですぐに心の裏側に至ることができるとは

19　精神分析の治療設定では、原則として患者と分析者は部屋の中で二人だけになる。患者は寝椅子（カウチ）に横たわり、分析者は患者から見えない場所（患者の頭の脇）に座り、解釈（コメント）によって患者の自由連想を促す。一回のセッションは45―50分、週4―5回、期限は設定されず毎週規則正しく繰り返されることになっている。

思っていなかったんですね。そこでフロイトの思いついた方法はすごかった。それは、患者さんに治療室に来てもらいながら顔を合わさないで話をする、というやり方です。私たちはこれは画期的な方法だと思っています。

患者さんにカウチに横になってもらって、分析家は患者の顔を見ないで話をする。そして、患者も分析家を見ないで話をするという方法を思いついたのです。これを自然にやったんですね。この方法について、フロイトは対人恐怖傾向があったんだとか、いろいろ言われています。しかしながら、フロイトは心の中に目を向けるためには人の外見を見ちゃいけないと思ったんだと思うのです。

いいですか。見えると囚われてしまう。見えないと心眼がものを見るようになるのです。「心眼」とはフロイトが言ってるわけじゃなくて、私が言ってるんです。心眼という日本語を活用すると、心に眼があるんだよ。すごい。ひとりで感動します（笑）。

見えないと人は空想しはじめる、想像しはじめる。ここだと思うんですよ。これがまさにテレビとの大きな差。テレビ的コミュニケーションとは見えていることに支えられているので、空想しない、想像しない、裏を読まない。想像しない思考を常態化させてしまうことも、テレビが人に与える影響として見過ごせないことです。

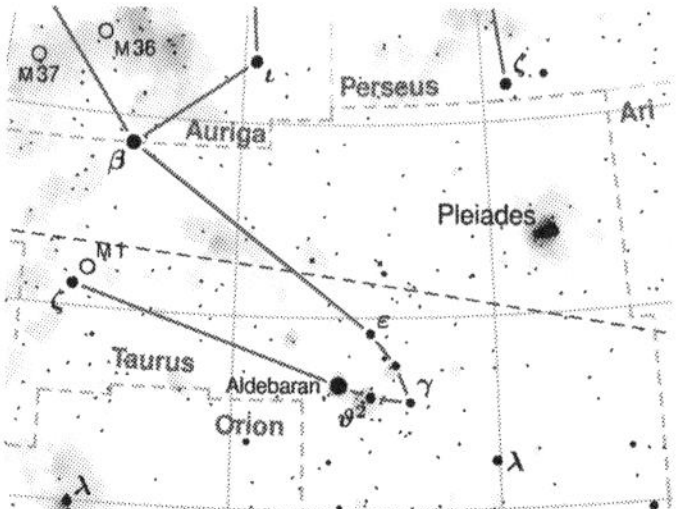

2

星座の話をしましょう。これは牡牛座があるところの星の様子です（図2）。これに牡牛を見たというのはすごい。これ、普通は見えないです、絶対に。でも、人はまわりになにも見えない漆黒の闇で星だけをじーっと見ていると、心の中から夜空に牡牛座を投影しはじめる。これが想像、イマジネーションであり、そしてもうひとつの創造、クリエーションだと思います。見えないと人は想像しはじめる、空想しはじめる。えらい窮屈な牡牛なんだけど（図3）、これが見えるんだよ。

星座を思いついた人たちはこれを夜空の星に見ていた。この牡牛座の図は17世紀のポーランド人の天文学者、ヨハネス・ヘヴェリウス[20]という人が描いたそうです。これがイマジネーションでありクリエーションだと思います。日本語だと創造と想像が同じ音であることも面白い。

ところが、これで夜空に名前がついた途端に、ここに他の動物は見えなくなる。別にこれ、牡牛座じゃなくてもいいんですよ。お釈迦座とか、なにか別の星座に見えたって構わない。その見る自由みたいなものが、与えられた画像によって奪われる。星座はそのいい例だと思います。ということは、テレビのおかげで私たちが新しい星座をつくりだす力が失われてしまったと言えるでしょう。

3

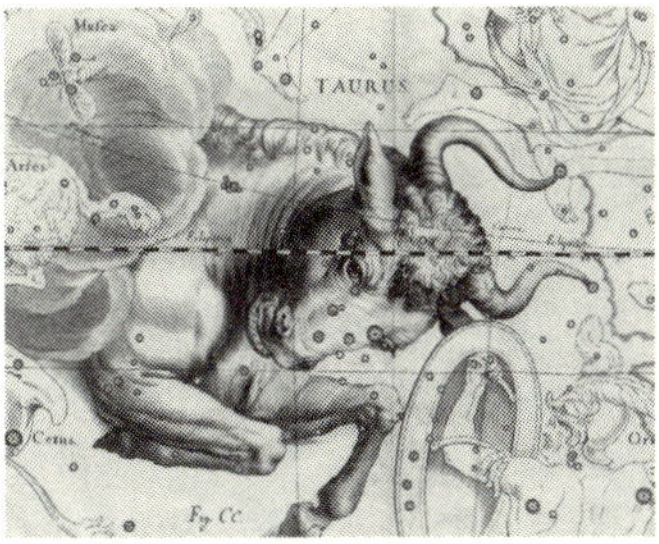

20　ヨハネス・ヘヴェリウス（1611―87）ポーランド・グダニス生まれの天文学者。グダニスに自分の天文台を建て、独自の観測器械をつくった。「月面図」で多くの月面の地形に名前をつけた。

映像は想像力を奪う

映像があると、物事が分かりやすくなります。でも、裏を読まなくなる。空想しなくなる。想像しなくなる。昔、「テレビは人々を馬鹿にする」と言う人がいましたけど、私はそうは思わない。絶対にそうは思わないし、民主主義のためにテレビは必要だと思います。他の国で起きていることや政治の問題が報道されると、人々は賢くなる。あるいはかつて新聞とラジオの時代には、人々は日本は戦争で勝っていると思い込んでいた、そしてもっとえげつない差別が横行していたという歴史を顧みると、見えなかったリアリティを教えてくれる映像というものは、私たちに民主主義の精神とかヒューマニズムのようなものを教えてくれていると思います。報道のされ方にもよりますが。

しかし、同時に私たちが失っているものがある。それは映像があることで想像しなくなったことです。思考が裏を読まなくなった。

ラジオは、想像しなくてはいけない。メディアがラジオと新聞だけで展開されていた時代に、アメリカで「火星人襲来」[21]というラジオドラマが流されて、みんな宇宙人が攻めてくると思い込んでしまって、パニックが起こったという出来事

21　ラジオドラマ「火星人襲来」H・G・ウェルズのSF小説『宇宙戦争』を翻案したオ

がありました。それだけ、映像がないとみんな空想してしまって、それに巻き込まれてしまう。

　私はいまもラジオが大好きなんですね。どうしてかというと、ラジオに出演していると、北山修という人物のことを、みんな身勝手にああだこうだと考えてくれるから。その想像力がテレビだとなくなる。

　だから、テレビを見れば見るほどみんな落ち着いていきます、しらけていきます。テレビを見るとクールになる。テレビは人を落ち着かせ、それなりに考えさせてくれるし、情報の量も非常に多い。さらにテレビとインターネットの両方があると、情報量は飛躍的に増して、みんながあまりバタバタしなくなり、ホットにならない。それはたしかに言えるので、メディア論者のマーシャル・マクルーハンの言い回しを借りれば、テレビはクールな媒体である。[22]

　では、インターネットはどうなのか。ブログやメールのやりとりやツイッターなど、インターネットを使ってパーソナルなコミュニケーションをしているとみんな言うけれど、あれはあくまでも表だと私は思います。インターネットにパーソナルなものが投げ込まれて、裏にあるべきものが表に出てしまったことで大変な被害を生んでいる、事件や事故が起きています。だから、私はまだインターネットは、表に出やすいものを扱ったマス・コミュニケーションだと、表のコミュ

ーソン・ウェルズによるラジオドラマ。１９３８年にアメリカでオンエアされると、多くのリスナーが実際に地球に火星人が襲来してきているものと恐怖し、パニックが起こった。

22　M・マクルーハンは、メディア消費の社会的形態について独創的な考えをあらわしたことで知られる。マクルーハンのいう「ホット」なメディアとは、物理的に目の詰まった高精細なもの、物語性の高いものであり、「クール」なメディアとは、低精細、物語性の低いもののこと。詳しくは『メディア論』（１９６４／邦訳みすず書房、１９８７）参照。

ニケーションだと考えます。

たとえメールであっても、すぐ表になりやすい。覗かれるし、外部から見られる危険をもっています。今、インターネットでカウンセリングするアプローチをやっておられる方もいます。でも、私は治療では裏のコミュニケーションを取り扱わねばならないから、メールでカウンセリングはできないと思う。会わないでカウンセリングを行う時代は来ないと思う。メールは表のコミュニケーションですから。

臨床人は、ブログや掲示板にパーソナルなことを放り込んでたいへんなことになってしまうことに気がついてほしい。パーソナルなことをインターネットやメールで流さないでもらいたい。臨床人は患者さんのことをメールやチャットで気楽に語り合わないでもらいたい。どこでどう流出するか分からないから。これは私たち治療者の倫理観として絶対に必要な感覚だと思います。私たちはパーソナル・コミュニケーションを生《なま》で直接取り扱っているのであって、電気的あるいは電子的な媒体でこれを取り扱う時代はまだ来ていないと思う。ここだけの話として預かる「心の秘密」を取り扱っているからです。

心の裏側はマスコミには映らない

日常化したテレビは情報をお茶の間という表に送り出すものです。テレビは表の劇場なのです。見やすいもの、見ごたえのあるもの、見よいものが材料になりやすいのです。だから、当然、裏にあるはずの見にくいものについては、画面では見せられない。表だけで世界がつくられている。

そして、テレビの前ではなにかしらを常に見ているので、そういう裏を想像しない心のあり方が常態化してしまう。

この表だけの世界に対して、精神分析、精神医学、臨床心理学と呼ばれる私たちの仕事は、裏の世界の仕事といえるでしょう。そのうえ、精神分析は深層心理学[23]といわれているくらいで、心の裏の深い深いところにあるもの、遠い過去から引きずっている、人には言うに言えないものの領域を取り扱っています。子どもの私は大人のふりをして大人っぽいことを言っているかもしれないけれど、子どもっぽくならないように、子どもの心を抑圧している。そしてそれは無意識化されている。

見にくいものこそが深層心理なのです。「見にくい」というのには、「見難い」

23　深層心理学　前期フロイトは心を意識・前意識・無意識という三層で捉え（心理的局所論）、意識される層を表層に、意識されない無意識を深層に位置づけた。したがって、深層心理学とは、主として心のもっとも奥にある無意識の領域を取り扱う心理学、あるいは人間の精神現象や行動を無意識によって解明しようとする心理学のこと。

と「醜い」の二重の意味があります。見にくいものというのは、見るのが苦しい、あるいは見るのが難しいから私たちは「醜い」と言って逃げてしまうのではないか。テレビで公共性のある映像として映し出されるものは、見やすいもの。そうすると、見にくいものは排除される。たとえば、社会的な問題である性的な虐待の内容すらテレビでは紹介できないし、排除されているのです。

だから、精神分析、あるいは臨床心理学、あるいは精神医学、つまり個別の心の裏側の問題を取り扱う私たちの仕事は、表の劇場であるテレビと対立していると言えるだろうし、別の見方をすれば、表に対する裏として同時に求められているものであると思う。

不特定多数の心を取り扱うテレビをはじめとするマス・コミュニケーションに対して、私たちは一人のパーソナルな心を取り扱う専門家であること。このことを強く意識して私たちの仕事をまっとうしたい、まっとうしてほしいと思うのです。このマス・コミュニケーションの時代に、君たちが臨床心理学の領域で治療者になるつもりならば、裏を取り扱う覚悟、マス・コミュニケーションにはのらない、のせられない見にくいものを取り扱う覚悟が求められる。

これが私がテレビと訣別し、そして再会しているこの授業でのメッセージです。臨床心理学の世界になぜ入ったのか。それはマス・コミュニケーションからこぼれ落ちているものを取り扱いたかったから。

パーソナルな心のあるところ

かつて私は歌を作りました。友だちのためとか、テレビのために作ったのではないのに、そこで歌が紹介されると、途端に私の歌ではなくなった、あの淋しさを覚えています。きっと心の問題を扱ってほしかったのに、テレビではなんだか歌だけが流れてしまって、私が置いてきぼりになった、そういう原体験だったのだと思います。だから、私は心のあるところに戻った。それが、私の40年間の歴史かなと思うんです。

そして、さらに私の人生と重ね合わせるなら、作詞家だったことがこの仕事に就かせたということがあります。作詞家は人の心を言葉でなぞる仕事だった。だから、私は人の心を言葉で取り扱うことにすこしは長けているかなと思った。そういう思いがあったので、言葉の臨床心理学である精神分析を選んだのです。

これまでマスコミにおいてなかなか言えなかったこと、それが今日お話ししたことです。私は「防人歌《さきもりのうた》」[24]の例をよく出すのだけど、防人の人たちが歌を書いた時、国語の教科書に載るために書いたわけじゃない。自分の妻や妹《いも》に向けて書い

24　「防人歌」　防人（白村江での敗戦後、大陸からの侵攻に備えて、おもに農民から徴兵され

九州沿岸に配備された兵士）の詠んだ歌。万葉集にも多数おさめられている。家族との別れや妻子を偲んだものが多い。

た。それは心を伝えたかったから。心の裏側にある思いを言葉にしたんですね。そこまで私の歌は大袈裟だったかというとそうではないけど、しかし、個人のパーソナルな思いをマスにのせた途端に、私の心は置き去りにされて、歌だけが持って行かれてしまった、という感じがあった。だから、私は心のあるところに戻りたかった。

私が最終の授業を経験するにあたって、臨床心理学や精神分析について、私の人生とともに語り、そしてそれをテレビにのせてもらえるということがあるならば、やっぱりこのことは言わなきゃいけないと思った。裏として、テレビやマス・コミュニケーションでは取り扱えない心というものがあって、そのことを忘れてほしくない。当たり前のことだけど強調したかったんです。

それではここでなにかコメントをいただきたいな。どうですか。そうそう、さっき「サインしてください」って言われたよね。私は18年間ここで講義をしてきて、「サインしてください」って昔はよく言われてたんです。懐かしいですね。それで、ほとんどお断りしてたと思います。今日たまたま、一人学生が来てサインしたんですね。だから、あなた質問しなさい（笑）。なんか、今日は自然だった。もう、あと1回か2回だからいいかなと思ったということがあったのと、実際のところお別れ惜しいから、サインを交換するのはなんとなく自然かなと思って、今日はあなたのリクエストに応じたんだけど。「君が古本屋で買ったの？」と聞いたら、「いいえ、お父さんが大ファンだったんで」って（笑）。お父さんによろしくお伝えください。なにか質問ありませんか。

――以前テレビで、鬱の人が病院に通っていて、よく分からない薬をいっぱい処方されるというようなドキュメンタリーを見ました。その薬漬けの生活からすこしでも改善できるようにと、心理士と言われるような人が薬を減らすための治療をするというドキュメンタリーだったんです。さきほど、先生が裏の内容は映像があるとかえって取り扱えなくなるというふうにおっしゃったんですけど、その薬を処方した医師は、おそらく神経外科とかそういう人だと思うんです。その薬漬けの生活から救おうとした人が精神分析に近い考え方を主にした人だと思うんですけど。

そこで僕が思ったのは、神経外科というのはＣＴなどを撮って脳波だとか映像だとかなにか媒体でもって治療に取り組むと思うんです。で、それは結局、映像があることで、鬱の人がほんとうに抱えている心の悩みなどの本質を見なくさせているのではないか。薬を処方した人は、映像というか媒体を通したから一番取り扱わなければならない見えない心の部分を取り扱えなくなったのかなあと思ったんですけど。そのあたりはどうでしょうか。

いくつか、あなたの発言を確認してみましょう。鬱状態の患者がいて、その方に薬を処方していた医師がいて、それが薬漬けを招いてしまった、その薬漬けの状態から患者を救おうとしたサイコロジスト[25]がいた、そういう図式ですね。鬱状態を薬で治療している医者は脳神経外科医[26]ではないはずです。鬱病を脳神経外科医が薬物によって治療することは、まずないと思います。外科というのは手術を行う治療者のことを言うので、「神経」とつくのならたぶん神経科医、あるいは精神神経科[27]の先生だと思います。まあ、何科の先生かは置いておこう。で、サイコロジストがそれに反対する恰好で、そこから患者さんを救い出そうとしていたという図式ですよね。

その対立が起こりやすくなりつつあるのかというと、なっていると思います。私は精神科医ですけれども、私のような心の存在や裏側の問題、心理学について強調する医者は、昔はもっとおられました。だんだんそういう立ち位置の治療者は減ってきているかもしれない。精神科医も、すごく忙しくなっているので、時間を割いて患者さんの心の裏側まで関心を向けることがすくなくなっている可能性がある。それと同時に鬱病に関しては、有効な薬物療法がたくさん出てきたん

25　サイコロジスト　この文脈では、心理臨床家全般を指す。そのうち、財団法人日本臨床心理士資格認定協会によって専門家としての資格を付与された者は「臨床心理士」と呼ばれる。

26　脳神経外科　臨床医学において、脳、脊髄、末梢神経、脊椎などに関する研究・治療を行う科。これらの臓器の内科的疾患については概ね神経内科学が担い、外科的疾患を脳神経外科が担うという役割分担がある。外科の診断には、血管造影やCTスキャンなどの技術が用いられることが多い。

ですね。私も薬物療法を行うことはあるのです。ですから、いつも心のことばかり考えているかというと、そうでもない。

なぜそういう状況になってきたのかについては、あなたがいみじくも言ったように、目に見えるかたちで有効性を証明しなくてはいけなくなってきているからです。数字で治療成績を出さなくてはいけないから。私の症例報告書を読んでもらえば分かるけれど、五年かけて、五年間その人の話を聞き続けてよくなることがある。でも、それは自然治癒かもしれないと言われてしまうのです。多くの病気は放っておいてもよくなる可能性があるから。目に見えてよくなることは、薬を投与したり手術をすることで可能なケースもあるかもしれない。だから、あなたがさっき外科と言ったのも当然ですよね。今はEvidence-based medicine[28]と言って、外に証拠を提示する、目に見えるかたちで効いているところや結果を示すことができる医学でないといけないということが強調されています。

そうすると、ますますお医者さんは忙しくなって、ますます患者さんの話を聞くことができなくなってくる。だから、望むのであれば、話を聞く医者であることを表に掲げている精神分析や精神病理学[29]の治療者たち、あるいはそうであることを自己紹介している人たちを探したほうがいいと思います。あるいは、君たちが将来目指しているようなサイコロジストを雇って一緒にグループワークを行っ

27　神経科／精神神経科　精神疾患の原因が神経や精神の問題から来ている人が対象で、外科的処置はほとんど行わない。各種精神病や精神障害（神経症、躁鬱病、心身症、統合失調症など）について薬物療法の他、カウンセリングによる治療が必要な人も対象にする。「心療内科」は、本来的には精神科的問題や心理学的なものを主たる原因の一つにして、内科的症状を持つ人々を対象にした科である。

28　Evidence-based medicine　二〇〇〇年代初めからアメリカ発で広まった考え方で、医療において、科学的根拠（臨床結果や統計的証明）に基づいて診療方法を選択する医学のこと。ＥＢＭと略記。

29　精神病理学　精神医学における方法論の一つで、精神病ならびにその他の精神障害を心の病理の側面から捉える学問。精

たり仕事をしたりしている施設を探す。そういったありようしかありえないと思います。

その時に今日話した問題が生じる。目に見えるものを強調する、ヴィジュアルを求めるテレビジョン的社会と、見えないものについて話をすることに強調点を置く心理学、臨床心理学、精神分析のあり方とは相容れない時代がやってきている。相容れない対立はますます深刻化していく可能性があると思います。

だから、なかなか証明ができない、そして効果が上がることをなかなか示すことができない、こういった心の問題に向き合っている学問や治療の存在を語っておきたい。そして、そのことの有効性に関心を持っている人たち、あるいはそういったものの必要性に関心を持っている人たちに、これからもよろしくと言いたい。心の問題に関心を持つあなたたちにも頑張ってもらわないと。それが私の思いです。

今日、私はテレビにだけ焦点を当てていますが、とにかく絵がないと話にならないという時代に入ってしまっている時――ここでパワーポイントやスライドを使って絵を出すのもそうです――に、私たちは話だけに耳を傾けなければならないと言っているのです。それは退屈かもしれないし、話が延々と続いて終わらないこともある。いまここの話を理解しながら聞き続け、その裏を考え続ける。そ

神症状の記述、分類、命名や疾患単位、臨床単位の類型化を主なる目的とする記述的精神病理学と、症状内容や患者の内的世界に主として光をあてる精神分析的精神病理学、了解的精神病理学、人間学的精神病理学などに分かれる。

のためには専門的なトレーニングを受ける必要がある。[30] でも、私たちの仕事は、「ちょっと見学させてください」と言われても、見せるところがないんです。絵のない学問なんですね。

あなたの質問から思わぬ展開になったようなところがあるけれども。ありがとう。はい、他にありませんか。

――前半のほうの話に関わることですが、お笑い番組が最近増えてきているということと、お笑い番組というのは裏の部分をどさくさにまぎれて表に出すことだという話があったと思うんですけど。それから、インターネットの話もちらっと出てきましたよね。本来、裏にあるものがテレビという媒体を通してよく見かけるようになったというふうに解釈したんですけど。本来、裏にあるべきものが表に出てくるというのを日常的に目にするようになったことで、なにか悪い影響とかあるのかなあと考えて。たとえば、思ったことを全部言ってしまう、やりたいと思ったことを衝動的にやってしまうとか、そういう抑えるべきところとか隠すべきところもすぐ表に出してしまうというのが最近あるんじゃないかと思って聞いていたんですけど。

ありがとう。とても大事なことだと思います。来週お話しする予定の「裏の喪

30　精神分析家になるためには、国際精神分析協会の規定にしたがい、訓練分析、スーパービジョンを受けなければならない。（注36、47参照）

失」という問題です。裏通り、裏窓、裏口。裏口入学もなくなってしまった。すぐ言いたくなるんですね、こういうこと（笑）。裏日本という言葉もなくなって、日本海側と言うようになってしまいました。屋根裏もなくなり、駅裏もなくなりましたね。これらの現象は、「裏の喪失」と言えると私は思うのです。

私はなにもかもが表になりつつあるとは思わない。そうではなくて、裏を置いておく場所がなくなってしまったと言うべきでしょう。みなさんの地方の田舎に行くと暗闇がいっぱいあって、あるいは町にも裏があって、闇があって、そこでは表に出てきてはいけないことがいっぱい起こっていた。でも、事件が起きるからというので、そこに照明が当たってしまった。そうすると、裏に隠れていなくちゃいけないものが裏にいられなくなってしまう。だから、裏にあるべき衝動、欲望、生々しいものが突然、電気街を駆け抜ける。地下鉄の中にばらまかれる。そういうことが起こるのは、裏を置いておける場所がなくなってしまったからではないか。駅には今は表も裏もない。昔はこっちは駅の正面で、あっちは駅裏だった。今は裏側にも新しい名前がついています。でも、私はそれはもう食い止めることができないだろうと思う。ほんとうにエネルギー不足にでもならないかぎり、あちこちに照明を当て続けるでしょう。

こういった裏の喪失と同時に、心も置いておく場所がなくなってはいないだろうか。私たちがかくれんぼをした時に隠れたあの屋根裏がなくなってしまい、縁の下には網が張られてしまった。大人に隠れて面白いことをいっぱいやった路地裏がなくなってしまった。それと同時に私たちの心を置いておく場所までなくなってしまったのではないかと思うのです。

私たち心理臨床家が心の領域のなにもかも全部を預かることはできない。表としての心は、表の人に任せるしかない。しかし、裏としての心の居場所を守るのは、もうこの臨床心理学しかないかもしれないと思うのです。というのが、あなたの質問に対する私の答えです。テレビを見ていると、なんだか裏も表もない。あえて言うなら、身も蓋もないことばかりみんなが言っている、やっているということに、たしかになっているかもしれません。

昔は裏の劇場や映画館というのは、陰に隠れているなんかあやしいところだった。でも、表の劇場にそれが上がるようになってしまったので、あなたが言ったように、多くが表になりつつあると思いますね。

話をしているうちにこれは言わねばならないということに出会ったので、最後にふれておきます。

たとえば、私はここにいなくなる。時間が来たので、もういなくなる。私たちは時間が来たらここからみんないなくなる。この「いなくなる」ということを、ここではなかなか取り扱えない。

私はこれも強調しておきたいと思うんだけど、私がここからいなくなる、九州大学には戻ってこない、この瞬間だからこそ、こういう話ができる。というのは、私はまだここにいますね。

でも、いなくなることを想像してみると、私の裏が見えてくるかもしれない。私の悲しみがもうはじまっていることが見えるかもしれない。ちょっとロマンチックに言うとね。

「いなくなる」とか「不在になる」ということを取り扱うのは縁起でもないと言われたりする。私が「もうすぐ辞めますから」と言うと、「いえいえ、またいらっしゃるんでしょう」みたいなことをみんな言う。でも、いなくなります。この不在のことを取り扱う。裏を取り扱う。こういうことって面と向かってなかなか話ができない。やっぱり、想像してもらうしかない。

この絵が好きなので、最後に提示して終わりたいと思います（図4）。「聖会話」というジャンルの宗教絵画[31]です。イタリア語では、〈Sacra Conversazione〉。これは、イタリアのキリスト教絵画のなかで一時期たいへん流行った形式です。これだけではなくて、いっぱい描かれています。聖人たちは集まっているのにお互いに顔を合わせていない。マリアとキリストも顔を合わせていない。みんな違

31　「聖会話」　イタリア・ルネサンス期にヴェネツィアとその周辺で制作された礼拝図像のひとつ。宗教画の最も重要な課題「見る者と聖なるイメージ世界との精神と情感の親密な交流」

う方向を見ている。私たちはこういう絵を見たら、「なにを考えているのかな?」と考えはじめるんだよ。このマリアはなんであんな憂いの表情を示しているのかなって。天上の父なる神を思い描いているのであるとか、神と対話しているのであるとか、もうひとつの言語を喋っているのであるとか、いろんな解釈がなされています。こういうふうにして相手を見なくなると、顔を合わせなくなると、人は相手の心を考えはじめるというのがとても面白いと思う。

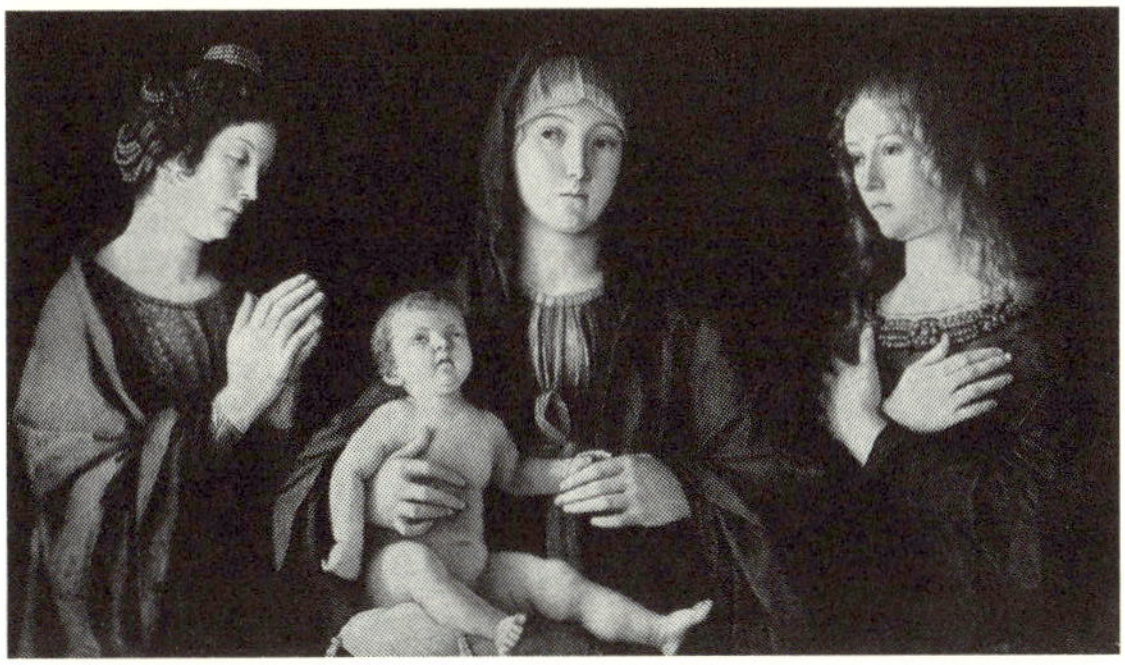

4　ジョバンニ・ベッリーニ《聖母子と聖カタリナと聖マグダラのマリア》1490年頃

面と向かっていると、相手の心の裏を空想しない。でも、あなたが顔をそむけると、私はあなたがなにを考えているのか想いはじめるでしょう。だから、心に焦点づけるためには顔を合わせないという発想を方法論に取り入れている精神分析は、心の見方について本質的なあり方を捉えていると思うのです。

に応えて生み出された。画面上には聖人が会しているが、特定のエピソードに依るものではない。フラ・アンジェリコやジョバンニ・ベッリーニのような内面的で瞑想的な資質に富んだ画家によって好まれた。

第3回――――2010年1月25日／前半

セラピストは楽屋を見せないことも大事

先週の授業では、マス・コミュニケーションが人間の表の面を扱うのに対して、私たち臨床心理学は人間の裏の面を扱う専門家であることをお話ししました。そして患者さんの心の中にある表に出にくい部分を吐き出してもらうためには、患者と治療者の間に「ここだけの話」という空間と時間を確保することが必要である、という話もしました。

ザ・フォーク・クルセダーズ[32]の「帰って来たヨッパライ[33]」で一躍マスメディアで脚光を浴びた私がマスコミから離れて生活するようになると、何度も私の周辺の取材をしたいという申し込みを受けることになりました。でも、私には家族が

32　ザ・フォーク・クルセダーズ　1965年8月、龍谷大学生の加藤和彦が「メンズ・クラブ」誌の読者欄でメンバーを募

いる、患者さんがいる。私には大事なものがあって、私は私でありたかった。だから私はあえて自分からなにか新しいことを持ち出すことはしないということを申し上げて、お断りしてきました。見えないところがあることは大事なこと。そして私が仕事として取り扱っている心は見えないものであるのだから、それはテレビでは扱えないのです。

そこで今日まず先週のつづきとしてお話ししたいのは、私たち精神科医は裏を見せないこと、楽屋を見せないことが大事だということです。これを「分析家の隠れ身（analytic incognito）」と呼んだりします。精神分析にはあった発想ですが、上手い訳ですね。これは私たちの技法のひとつになっています。

私は私でありたい、とさきほど言いましたが、〈私〉というのは、「我を隠す」という語源があることがよく知られています。〈私〉は私の中身を隠しておくことができるのです。

患者さんにいろいろなことを見抜かれているように感じることがあるだろうけれど、ぜひともそこは私たちの技法のひとつとして、〈私〉を見せないことを守ってほしい。

この話をすると、私がマスコミから離れて間もなく、結婚したばかりの時期に勤務した、札幌医科大学でのことを今でも思い出します。マスコミがやって来ま

集して結成。当初のメンバーは北山修、加藤和彦、平沼義男、井村幹夫、芦田雅喜の5名（第一次フォークル）。67年に自主制作アルバム『ハレンチ』を300枚作って同年10月に解散。アルバム中の一曲「帰って来たヨッパライ」の爆発的なヒットにより、北山、加藤に端田宣彦（はしだのりひこ）を加えて一年間という限定つきで再結成（第二次フォークル）。68年10月に解散。2006年には、北山、加藤にアルフィーの坂崎幸之助を加えて、一年間の限定つきで新結成した。

33　「帰って来たヨッパライ」作詞／フォーク・パロディ・ギャング、作曲／加藤和彦、版元／東芝音工。ザ・フォーク・クルセダーズが自主制作したアルバム『ハレンチ』の中の一曲。テープの早回しによって甲高く響くヴォーカルとその効果を増幅させるとぼけてシュールな歌詞という斬新さが話題となり、ラジオ関西の番組でオンエアさ

した。

フリーのルポライターがやって来て、病院に入り込んで病棟を撮っている。編集長から何十万もらうという約束をとってきたというのです。交渉したけれど、やっぱり写真を撮って、そして私の患者にインタビューをして帰っていかれた。40年も前のことですけど、あれもまたある種のトラウマになった原点のひとつのような気がします。

精神科医の臨床技法として裏を見せないことも大事、だから私はプライバシーを公開することは今までありませんでした。こういう授業のような場面にカメラを入れることもありませんでした。それでも私たち精神科医は社会で市民権を得るために、たまには外に出ていかなくてはいけない。それで、このような公開の設定を最後に設けた次第です。

精神科医のフィールドはパーソナル・コミュニケーション

これは面白い写真です（写真5）。今、インターネットで検索すると、最近の私の写真ではこれだけが手に入るんです。これは香港大学における講演会での私ですけど、中国のメディアに載ってしまったんですね。キャプションを見れば、

れるや大反響をよび、シングルカットされ、270万枚のセールスを記録した。

なんとなく言ってること分かります。もう、訳してもほしくないというか（笑）。「元歌手が教授になった」って、きっとそういう話でしょう。これがマスメディアの感覚だろうと思います。

こういうふうに一方的に書かれること、報道されることの悔しさのようなものが当然、私にはある。でも、コントロールできない。中国のメディアまでは力は及ばない。だから、この写真は出っ放しになっています。こういうことが起きているのです。

でも、こういったマスコミの被害を受けた人たちの思いを汲むのも私たちの仕事でありましょう。マスコミの舞台で一方的に書かれる時に、私的な思いを「その裏で」言語的に汲むという仕事が私には残っている。

ここで、このことを私たちの仕事の自己定義としておきたい。これは最後の授業にふさわしい、私の経験をふまえたうえでの臨床心理学です。「私たちのフィールドはパーソナル・コミュニケーションにある」ということです。それはマス・コミュニケーションとは対立する、相容れない、あるいは共存するしかない領域です。

前者は不特定の多数に向けて同時に繰り返し行われる行為。つまり、ビデオに撮って何度も何度も放送することができるコミュニケーション。みなさんも、家

5

でテレビを録画してそれを再生することができる。リピートすることができる。これがマス・コミュニケーションです。

ところが、後者は特定の他者に向けての一度限りの交流です。これをパーソナル・コミュニケーションと言います。これを「パソコミ」というふうに言ってもいいんだけど、「マスコミ」とはずいぶんニュアンスの違うものです。

私たちのフィールドは後者にある。ここで「一度限り」というところにクエスチョンマークを付けたいのは、たとえばこの授業はどっちなんだという疑問が生じるからです。

この前の授業で質問を受けました。この授業はマス・コミュニケーションなのかパーソナル・コミュニケーションなのかと。私はこう答えておきたい、ここはなんとなくパーソナル・コミュニケーションのような気がする、すこしだけパーソナル・コミュニケーション寄り、と言いますか。というのは、諸君らも私の授業は今日で最後だと思っているだろう、もう二度とないということが分かって聞いているだろうと思う。この時間をいくらビデオで撮って再生しても、君たちとのこういう空間はもう二度とない。これがある種の、いま、こ、こ、における緊張をつくっている。このことはすごく大事なことですね。ライブであることと言うかな、録音してもう一回聞こうなどという類のものではない要素がここにはある。私も最後だから、なんとなくエモーショナルになる可能性がある。

この緊張感は、ライブハウスで演奏する時にも生まれます。私はときどきライブハウスで演奏するんですが、最近も福岡のあるライブハウスで演奏して、えらい感動しました。聞いている人も、こんなに面白いものが待ってるとは思わなかったという表情をしていました。私はやっぱり授業はライブハウスだと思うんです。妙なメタファーですけどね。

ちょっとライブハウスの時の写真をお見せしますね、せっかく写真を持ってきたから（写真6）。こんな感じで歌ってます。コート着てるのは、この時リハーサルだったんですね。[34] もういいです、こんなのは一瞬で。こういうこともやっているのが伝わればいいんで。

そのように、マスコミやテレビは見えない人々との交流であり、録画して何度も何度も繰り返される不特定多数との交流である。これは私のフィールドではない。なんとなく別物だという感じがしてならないのです。さっき示した定義においても違う。だから、私たちの仕事はこのパーソナル・コミュニケーションだということを強調した教員として、私は最後までまっとうしたい。

6

34 〈きたやまおさむ　レクチャー&ミュージック〉のリハーサル風景。2010年1月11日、LIVEHOUSE CBにて。出演は、行徳伸彦とOK退職記念バンド。メンバーは、きたやまおさむ（Vo）、行徳伸彦（G・Vo）、臼杵良浩（B・Vo）、隈さゆり（Pf・Vo）、井上貴宏（G・Vo）、坂田〝鬼平〟紳一（Dr）。この後2010年4月8日に東京で、4月10日に大阪でコンサートが

行われた。

セルフモニタリングの時代

さて、今日の前半の授業は、「セルフモニタリング」というテーマでお話しをしたいと思います。今日、ここでは面白いことが起こっているのではないでしょうか。つまり、実験的に視聴者のことを考えて授業をしてみているわけです。みなさんはほとんど考えてないでしょうけど、私はかなり意識していまここにいるなあと感じているんですね。

ここには、第三者の視点がある。そのことを意識化するために、私はこの授業の様子を第三者的に放映してもらうことが大事であると思っています。だから横から撮ってもらいたいと考えました。私が放送するわけでもないし、みなさんが放送するわけでもない。私は第一者で、諸君が第二者、患者やクライアントさんの位置にいる人たちです。そして、今日はここに第三者というのがいる。私の相手としてではなく、外から第三者として視聴者に参加してもらっているわけです。でも、私は彼らのことなんか、よく知らない。よく知らないというか、ほとんど知らない。

実はここに、私たちの患者さんがよく訴えるところの「みんなが見ている」という感じがあるんですよ。今日は君たちも「みんな」という第三者の存在をすこし意識してもらいたい。

なぜなら、私たち日本人は「みんな」に知られること、「みんな」にああだこうだ言われるのを過度に気にする傾向にあるからです。患者さんの訴えのなかには、「みんなに笑われている感じがする」など、よくそういう感覚があらわれます。私たちの日常では、この「みんな」という第三者は、かなり脅威に感じる存在なのです。

私もそれをいま、すごく意識して話をしています。テレビでは視聴者、ラジオではリスナーといわれる人たちが「みんな」。すると、いまここにいる九大の学生のみなさんにも興味深いことが起きるはずです。視聴者にどう見えているかを想像してみるなら、私たちには自分がどう見えているか分からないという不安が生じるのです。

この訴えは、私たちの患者さんたちにものすごく多い。このような症状を対人恐怖、視線恐怖、対人緊張と呼んで、分類しています。しかし、この不安は人間にとってきわめて根源的な不安なのです。

根源的な不安、と言いましたが、どういうことか。もうすこし嚙み砕いてお話ししますと、人間は自分が見えないということです。なぜ人間は鏡を求めるのか。

それは、自分が見えないからです。そのために、相手から、周囲からどう見えているか知りたい欲望とそれに関わる不安にかられることになる。これが対人緊張、あるいは社交不安、あるいはさきほど挙げた視線恐怖、対人恐怖、あるいはもっとこれが悪化するとパラノイア、被害妄想といわれる症状になる。

　だから、私たちは自分を正確に——正確になんてほんとうにありうるのかという疑問がありますが——映し出す鏡が欲しい。しかし、これもまた正確にというのにも条件があって、ほんとうは私たちは「正確に」というよりも、ちょっとましに映してくれる鏡が欲しい。ちょっとだけですよ。あまりにもいいと嘘っぽいから。その「ちょっとだけよく」映してくれる鏡というものを現代人は手に入れたのではないかというのが、今日、私が提示する問題意識です。

　みんなに嫌われているかもしれない、みんなに受け入れてもらってないかもしれない、ひょっとしたらみんなに愛されていないかもしれない。私が好きな尾崎豊の「シェリー」という歌[35]のなかにこういう歌詞が出てきますね。「私は愛されているか」、そう世界に向かって歌っている歌です。どう思われているか、愛されているのか、受け入れられているのか、どうなのか、ということを知りたい。でも、分からない。

　これが自己臭恐怖というものにつながることもあります。これは、自分が臭い

35　尾崎豊「シェリー」セカンドアルバム『回帰線』（1985）の中の一曲。作詞作曲・尾崎豊、編曲・西本明。

と思われているのではないかと過剰に思う症状です。自己臭恐怖の方のなかには、「く」とか「さ」という言葉を聞いただけで、臭いと言われたと感じる人がいます。また、自己臭だけではなく、醜形恐怖という症状もあります。これは自分が醜いと思われているのではないかというものです。

その他、舞台恐怖症《ステージ・フライト》というのもその類です。みんなの前で話す時に赤面したり声が出なくなったりする恐怖ですね。シンガーや役者さんがこれにかかることがある。

私たちの見え方は他者に委ねるしかないが、委ねた時に彼らが私たちに抱く印象を知りたい。しかしこれは誰にもかなえることができない、人間の根源的な不安なのです。

セラピストの心のセルフモニタリングのために

しかしながら、ここで正確な鏡が手に入れば、自分がどう見えているのか知ることができるかもしれない、自分をモニターできるかもしれない。それは自分を知るまことに貴重な機会となるのではないか。これを「セルフモニタリング」といって、非常に価値の高いものとする精神療法、カウンセリングもあります。

精神分析家には、スーパービジョンと呼ばれる制度[36]があります。これは、スーパーバイザーと呼ばれるベテランの分析家が、スーパーバイジーと呼ばれる訓練段階にいる分析家が提示した治療事例について、コメントをするというものです。スーパーバイザーはスーパーバイジーのモニターとなって、心の中のさまざまなことを映し出してくれるのです。スーパーバイジーが治療を行って、スーパーバイザーの先生のところに治療経過を持っていく。スーパーバイザーに「今日は上手くいっているよ」とか「こういうふうに患者さんに言ったほうがいいんじゃないかな」とかコメントをもらったら、それがスーパーバイジーに取り入れられて、心の中の鏡となる。そのことによって教えられる。つまりスーパーバイザーが鏡になってくれる。モニターになってくれる。

だから、テレビに出ることについて否定ばかりしてはいけない。私はマスコミに登場したことで、ある意味でずいぶん鍛えられました。今日のようにプロのみなさんに撮ってもらって、スタッフの方々にコメントをいただけると、気づくことも多い。今日の出来はよかったとか悪かったとか、一般の人たちはみんな勝手にああだこうだと言うものですけど、そういうふうに言われることで私たちは鍛えられるのです。そのことで、患者さんの不安にも自分の経験からアドバイスができる。ですから、正確な鏡を求めて自分をモニターする機会を得ることは、治

36　スーパービジョン　もとは精神分析に固有の訓練であったが、今日では訓練分析と共に力動的精神療法の臨床教育の基本となっている教育方法で、スーパーバイザーとスーパーバイジーが、一対一で、毎週規則的に、面接の設定を定めて継続的に事例の検討を重ねていくやり方をいう。

療者にとっても大切です。

私は精神分析をはじめたばかりの頃、自分のセッションをテープレコーダーに録って全部逐語で起こしたことがあります。そうすると、まあ、いい加減なことを言っているというか、なにを言っているのか分からない。ほとんど患者さんと変わりないし、普通の雑談とどこが違うのかと思わないわけにはいかない。ある意味でとても厳しい直面化を強いられます。これはみなさんもやってみられるといいと思います。

あなた方が精神療法、カウンセリングを行う時、それをテープレコーダーに録って活字に起こしてみる。そうすると、自分の悪筆に直面するあのイヤな感じと似たような経験が起こります。ろくでもないこと、とんでもないことを言っている。あるいは、まともなことを言って、ああ、なかなか上手い言い方をしてると感じることもある。

自分の心の中でセルフモニタリングできると「離見の見」

セルフモニタリングと似たような感覚を、イチロー選手が口にしたことがありました。忘れもしない２００９年の卒業式の日、３月25日。卒業生が着物を着て私の研究室にいて、一緒になってWBCの韓国との最終戦を見ていました。一瞬、ほとんど卒業生の存在は棚上げされてましたね（笑）。その試合で、イチローが見事にヒットを打って日本チームは勝つんです。

ヒットを打った時のことを、イチローはこういうふうに言ったんです。「打席に立った時に自分の中で実況してた」「日本中のみんなが見てるだろうと思うと打てた」って。覚えていますか。

これはイチローだけじゃなくて、多くのスポーツ選手が言っています。ヤクルトスワローズの元プレイングマネージャーの古田敦也もそう言っていました。「自分の心の中でもうひとりの古田が泣くなって言うんですよ」って。

彼らのようなプロのスポーツ選手の場合、自分で自分をモニタリングしている。セルフモニタリングしながらアドバイスしてくれているもうひとりの自分がいる。

私たちは、私を見ているもうひとりの視聴者を心の中に見つけることができれば、よりよいパフォーマンスができるかもしれない。あるいはよりよい生き方ができるかもしれない。ひょっとしたら、これは高みにのぼると心の中で神と呼ばれるものになるかもしれない。

このようなものの見方を、多くの芸術家たちは実感しているようです。世阿弥はこれを「離見の見」[37]と呼んでいます。離れたところから〈私〉を見るものの見

37　「離見の見」　世阿弥の著書

方のことです。

セルフモニタリングからセルフリフレクションへ

現代人はカメラ、ビデオ、テープレコーダー、その他の自分を照らし返してくれる装置、自分を映し出してくれる装置の発達によって、いまや「離見の見」ではなくても自分を第三者的に外から見ることができる。そしてその見かけを操作することができるようになった。

私たちはセルフモニタリングの時代を迎えた。これは私の目の前で、この20年間で起きたとしても大きな変化です。これは人間のありように変化を与えている画期的なことだと思います。

とはいえ、正確なモニタリングは実に不愉快です。自分の声を聞くのはほんとうに不愉快、ちょっとエコーをかけたくなってしまう。あるいは、写真をいろいろ撮って、結局、最終的にはよりよく映っているのだけを残して、まずいやつは全部消してゆく。この頃は「写真映りが悪い」とあんまり言わなくなりました。自己取り返しのつかない映りの悪いものはどんどん消していけるから。だから、自己モニタリングの時代といっても、結局いいところばかりとっているのですが。

『花鏡』（１４２４）のなかで著わされた、有名な芸論的観点。「観客から見た自分の舞姿は、離見（客観的に見られた自分の姿）である。〈離見の見〉、すなわち離見を自分自身で見ることが必要であり、自分の見る目を観客の見る目と一致させることができたなら、自分の素の姿を悟ったことになる」。

セルフモニタリングの時代を迎えて、特に若い人たちが人前に出て話をすることにあまり抵抗を感じなくなってきたようです。高校野球の試合後のインタビューでもほんとうにそう思いますね。昔は一言も喋れない若者がいた。この頃はさらさらさらと話してくれる。それは、日本人が変わったようです。若い人たちが変わったように感じます。

鏡に自分を照らし返されて、それを取り入れると自分を知るようになる。リフレクターという板のことをご存知ですか。リフレクターというのは、映画を撮影する時に役者さんの顔を明るく照らし返す反射板のことです。撮影現場の映像で画面に銀板を掲げている人がちらっと出る時がありますね。その銀の板のことをリフレクターといいます。それは光を照らし返す装置です。

それと同じような装置で自分を反射し、それが心の中に取り入れられると「セルフリフレクション」と呼ばれる心の働きとなります。セルフリフレクションは「自己省察」「内省」という意味を持っています。だから、私たちはお母さんや信頼できる他者に出会って、他者に照らし返してもらったものを心の中に取り入れて、それを心の中の自己イメージとして生きている。

そうなのです。もしあなた方が生まれてからしばらくの間、親から「お前なんかろくでもないやつで、器量もよくないし、頭も悪いし」と教え込まれたら、

「私はやっぱり頭が悪いんだ」と思って生きなくてはならなくなるでしょう。あるいは、「男の子だから強く生きてほしい」と言われ続けたら、やはりそれが自己イメージになって、「俺は男だから頑張るぞ」という心の支えになるかもしれない。

　このように、周囲によって、あるいは依存している他者によって、自分についてなにか照らし返され、それを心の中に取り入れて、自己省察、内省といったものの根拠とするのです。

　そして、セルフモニタリング時代になって、今、日本人の自己イメージが結構よくなってきているのではないか。だから、最近、対人恐怖はあまり聞かなくなりました。視線恐怖とか対人恐怖というのは、今から20年前には若い人たちのほとんどにあった傾向だったのですが。むしろ自惚れの強い、自己顕示欲の強い人たちが増えてきたのではないかという気がします。まだ統計で言えるような調査はなされていませんけれども、日本人が変わってきたのかもしれません。

鏡の原点としての母親の機能

　ここで振り返るなら、私たちの姿を照らし返す鏡の原点には母親がいることが分かります。母子関係では、鏡として母親が機能しています。実はこれは分析的カウンセラーの仕事だともいえるのです。私たちは患者さんのお世話をする際に、世話することの原点である母子関係、育児から学ぶ姿勢を忘れてはいけないといつも話していますが、そのなかでも今日、強調したいのは、鏡としての母親の役割です。母親の瞳は赤ん坊にとって、自分を映し出す鏡である。その母親が目で「お前なんか死ね」と言ったら、子どもは死にたくなるだろうし、「生まれてきてよかったわ」と言ってくれると、子どもは生まれてきてよかったんだという感じになるでしょう。鏡はお母さんの瞳の中にあって、子どもに一番最初に体験されるのです。その種の体験の重要性を、フランスの精神分析家のジャック・ラカン[38]やイギリスの精神分析家のウィニコット[39]が指摘しています。

赤ん坊がどのように見えているかをお母さんが照らし返して（リフレクトバック）、照らし返された子どもはそれを内省（セルフリフレクション）の起源とする、これを〈鏡としての母親の機能〉といいます。

私たちの仕事はこの機能に関わっています。患者さんの自己イメージを聞いて、それを私たちが体験し、照らし返してあげることが私たちの重要な仕事です。

そして今日、みなさんと確認したいのは、このリフレクション効果をビデオやカメラなどの機器たち、あるいはメディアたちがやっていないかということです。

38　ジャック・ラカン（1901―81）　フランスの精神科医・精神分析家、哲学者。フロイトの精神分析学を構造主義的に発展させ、構造主義、ポスト構造主義思想に絶大な影響力を与えた。

39　D・W・ウィニコット（1896―1971）　イギリスの児童精神科医・精神分析家。小児科という設定で六万例を超える子どもとその家族に接した。子どもの純粋に内的で主観的なこういったものによって、思っている以上に自己イメージをつくりあげてきていないか。そしてそれが役に立っているのではないか。自己モニタリングの機械とともに私たちは自分をリフレクトする経験もしていないかと。

それも、それはひとりでできる。すごいですね。自分の写真を自分で撮れるわけですから。それで、それを消去して選んで、自分の顔写真として送り出すことができる。

私たちはセルフモニタリングの時代に入ったのではないか。それも機械的セルフモニタリングの時代に入ったのではないか。そして、そのおかげで私たち心理療法家に商売敵ができたのかもしれない。私たちは人間的リフレクターの役割を果たして人間的な自己モニタリングを行うように働きかけてきたわけですが、もう一方で機械的リフレクターが登場した。これが、私が現代を生きながら観察していることです。

前半の話でなにか質問、思ったこと、コメントありませんか。はい、どうぞ。

――いまのお話からはすこしズレてしまうかもしれないんですけど。北山先生は音楽をライフワークの一部にされていますよね。前回、心の表と裏という話もあったんですけど、自分でそういう裏の気持ちを音楽にのせて発表しようと思われたの

世界と母親たちのいる外的で客観的世界の両者を見据えた臨床観察と分析を重ね、子どもと母親の二者交流の洞察から、数々の独創的な理論を生み出した。

はなぜなのか気になっていて、聞きたいなと。

はい。なかなかいい話ですよね。なかなかいい話であることすら、みなさんにはまだ分かってないでしょうが（笑）。

それは、フォーク・クルセダーズの歴史をひもとくところからはじまるんですね。みなさんも関心があれば、私がそのことについて発言している記事や本を読んでください。私は、自家出版というかたちで300枚のレコードをつくったのです。それはバンドの解散記念レコードだった。そのなかの一曲が「帰って来たヨッパライ」で、「イムジン河」[40]という曲も入っていました。

そのレコードは、友だちたちのためにつくったのです。私たちのグループを愛してくれた人たちがこの教室にいる人々くらいの数いたわけです。それは目の前にいるライブハウスの聴衆だった。その人たち、その300人のほとんどの顔が浮かびます。親戚も含んでましたけどね（笑）。ところが、一枚千円で売ったんだけど売れなかったんです。

みなさんの反応の主なものは、そういうものはタダで配るべきだという意見でした。ヒットもしてないし、話題にもなってない、世の中で広まってもいないレコードはアマチュアの自費出版で出すものだろうと。あるでしょう、みなさんが

40　「イムジン河」　ザ・フォーク・クルセダーズ（第一次）の自主制作アルバム『ハレンチ』の中の一曲。ザ・フォーク・クルセダーズ（第二次）の第二弾シングルとして予定されていた（68年）。しかし、歌詞（訳詞・松山猛）の内容が原曲の歌詞に忠実ではないことなどの理由で在日本朝鮮人総聯合会（朝鮮総聯）サイドから抗議を受け、レコード会社（東芝音工）が自主的に発売を見合わせた。2002年3月にオリジナル

卒業記念につくる文集みたいなもの。それを有料で売るなんてとんでもないというような意見だったんです。

ここから、私が悪魔に魂を売る瞬間がはじまるんですが（笑）。これはマズい。ラジオ局へ行って、このレコードを流してもらわなければダメだと。そしたら、なんと100枚しか売れなかったのが270万枚売れた。それで、私の手元にあった音楽がある意味で世界中から聞こえた瞬間があったような気がしますね。だから、マスコミに出たのは売るためです（笑）。もう、明らかにそうですね。

もっときちんと証言すると、私はそれをやったおかげでもってはじまった一連の騒動に巻き込まれて、どこへ行っても「帰って来たヨッパライ」という悪夢のような歌を、何度も何度も繰り返し歌わねばならなくなってしまったんです。それは、もう早くやめたくて仕方がない毎日でした。私はほんとうにその時やめてよかった。どうして続けてなかったのかと、みなさんから聞かれますけど、私は悔いはない、あの悪夢のような毎日のことを思うと。つまり、自分の歌をコピーして売りに出してしまうことの悲しさですね。私の歌は私の手元からなくなっていきました。

それで、やめることにしたのです。それで、ここにいるんです。ここでこんなこと喋ってるんです。それが私の人生の、この仕事に就いた理由にもなっていま

音源のまま復刻、カップリングには、当時この曲の代わりにシングルとして出された「悲しくてやりきれない」が収録されている。

すね。

だから、私は目の前のこの友人のためにつくった表現や交流と、お店で売るために書いたコミュニケーションとはレベルが違うと思った。不特定多数のためにつくるマス・コミュニケーション的交流と、特定のあの人のために書いたものとは違うと思う。

いつも例に出す「防人歌」は、妹《いも》のために書いたんであって、国語の教科書に載るために書いたんじゃないんです。裏の思いを歌にしたいということなんです。どうも、ありがとう。私はこれが言いたくて今日ここに立っているわけではないけれど、言いたいことのひとつを引き出してくれたので感謝しています。

今のことが、今日こういう話をしている理由でもありますね。というのは、世界はどんどんどんどん第三者を意識した会話になっていっていると思うから。あるいは、歌のつくり方も、もはや多くが売るためだけになっている。「みんな」という第三者に聞いてもらうために歌をつくっている。

でもね、ラブソングは愛する誰かのためにつくるんですよ。愛するこの人に聞いてもらうためにつくるんです。第二者との関係が先だと、あるいは、第二者との関係のほうが強調されるべきだと私は思うんです。

そこでみんな傷ついて、そこでみんな癒されているのではないか。それが第三者的なマス・コミュニケーションにすべて置き換えられつつありはしないかということです。

――今の話ですが、第二者のコミュニケーションとして書かれた詩や歌や、そういったコミュニケーションそのものは、たしかに二者関係でとても支えてくれるもの、力のあるもの、愛情のあるものだと思います。でも、それが、いま先生がおっしゃるようにマスコミに流れたとして、その他大勢のマス・コミュニケーションの一人がその詩に出会った時に、その人がその人なりの歴史やコミュニケーションのなかでその詩を受け取った場合、それはただ単にマスコミに売られただけのものではなくて、そこでまた特別なコミュニケーションが成り立つのではないでしょうか。

うん。その思いに応えて作品をつくり続けるのがプロの仕事だと思いますよ。プロの芸術家だと思う。だから、プロの作詞家は、一人でも多くの人に聞いてもらいたい。そして、一人でも多くの人が明日生きていこうとか、今日生きててよかったと思うようなものをつくり続けるのがプロの芸術家だと、私は思います。

でも、私たちはあまりの落差、つまり、そこで100枚が270万枚になるという、あまりの落差に圧倒されたんでしょうね。それが10万枚くらいだったら、なんかいい思い出だったねという話になるんだろうけど。これがあまりに巨大な数字になってしまったので、私たちは撤退した。圧倒された。私と一緒にやっていた連中もこの体験で相当大きな影響を受けたと思う、あまりの数字の大きさに。私たちの運命はこれで決まったと思います。

ということなので、プロの人たちがそれを継続的にやっていることに関して、私はとやかく言うつもりはないし、マスコミで働いている人たちみんなにカウンセラーになりましょうと声をかけるつもりももちろんないです。

でも、私はいまも相変わらず千枚単位のCDをつくり続けているんですよ。だけど、ほとんどの人は知らないし興味もないです。これは諸君らが自分のバンドをつくって、五百枚、千枚の単位つくるのと同じです。このほうが手に負える。それは、ライブハウスです。そちらのコミュニケーションを楽しみたいし、そのことを強調しておきたい。そういうことを言った人がいたということだけでもいいんです。

マスコミに出ることが素晴らしいことなのか、広く売れることが素晴らしいことなのか、紅白歌合戦に出ればいいのか、ほんとうに。そんなことはない。私にとってはライブハウスの感動のほうが絶対に感動的です。数字に巻き込まれちゃいけない。すくなくとも、カウンセリングをやろうという人たちは。相手は一人です。一人を感動させればいいんです。

第4回――2010年1月25日／後半

「裏の喪失」

今回は、まず、先週話題になったお笑い番組の機能に関わる理論があるので、これをすこしご紹介することからはじめようと思います。

これまでお話ししていることは、必ずしもすべて私が考えついて話しているわけではなくて、先行研究があります。学問というのは先行研究のおかげで発展していくものです。

なぜ私たちは笑うのかということに関して、精神分析は考察してきました。芸術の感動を呼ぶ心理学、感動の心理学です。心理学が感動的なわけじゃなくて、感動をどう心理学的に説明するかということ。そもそも我々のフォーク・クルセダーズが受けたのもこの理屈だろうと思うのですが。

それは、こういうことです。人間は普段言うに言えないことを抱えている。言うに言えない思いになんとか蓋をしていい子ちゃんをやっている。優等生をやって、みなさんは生きているわけです。これを私たちの用語で「抑圧」と言います。この抑圧しているものの蓋をとって、公共性のあるかたちで抑圧されていたものの中身を語ると、その時に爆笑を呼ぶ。お笑いが受けているのは、抑圧されているものをみなさんの前に提示するので、抑圧する必要がなくなって、抑圧されていたエネルギーが爆発するんです。これが笑いとなるという理屈。

それからもうひとつ大きいのは、その抑圧するために使っていたエネルギーも不要になるということ。いいですか。みなさんは私の授業を聞きながら、ほんとうは腹が減ったとか、眠りたいとか、いろいろ欲望があるけど抑圧しているわけです。ほんとうは私も九州大学にもうちょっといたいなと思っていたりするわけです。でも、抑圧している。でも、「ちょっと残りたいなあと思ってたりもするんだよね、とかなんとか言っちゃって」みたいなことを言うと楽になる。

それから、「やっぱりやめよか」みたいなことを言っていると冗談になって、抑圧していたものが爆発する。あるいは心の外に出る。カタルシス効果を経験する。そして、抑圧のために使っていたエネルギーも不要になる。それが一緒になって、二重に気が楽になるという理論です。

心というのは「楽になる」と言います。楽になるというのは、私たちは普段、エネルギーを使いたくないのに、一生懸命抑圧のためにエネルギーを使ったり、あるいは爆発しようとしているエネルギーを抑えつけたりして、心のエネルギーを無駄に使っているんですね。これを上手く解放してやれば笑いが生まれる。

この先行研究の詳細はフロイトの「機知について」[41]という論文に著わされています。フロイトは、人間は子どもを隠して、大人のふりをして生きている、だから子どもっぽいことを公共性があるかたちで言えば、みんなに笑ってもらえる、という冗談の心理学を描出しました。

前回、裏の喪失のことを強調しました。人間には表裏があって、いま抑圧している部分があるにもかかわらず、社会から裏がなくなり、裏を出すところがなくなってしまった。駅にも裏がなくなり、駅裏がなんとか口と呼ばれるようになった。暗闇に照明があたり、どちらも表になって、裏がなくなってしまった。世界中でこのことが進行していると思います。

駅裏というのは、なんかゴチャゴチャしてて、みんなが言いたいことを言ってカタルシス効果を経験できるような場所だった。あるいは、欲望がちょっと顔を出していた。みんなそこで吐いていた。ほんとうに吐いてるやつまでいた。今ちょ

41　フロイト「機知について」1905（「機知——その無意識との関係」、著作集4）

っと失笑するでしょう、「吐いてるやつまでいた」って。で、背中さすってるやつまでいた、ってちょっと笑うんだよね。それが冗談ですね。

精神分析の授業は楽しいですよ。やってみるととても有難いのは、普段抑圧していることが口にできるから、学問の名のもとで(笑)。これがカタルシス効果。

裏というのは、もともと日本語では心の意味がある。「うら恥ずかしい」「うら淋しい」というように、あるいは「うらみ」という時の「うら」、あるいは「うらやましい」。これは、じつは「うらが病んでる」という意味なんですよね。「うら」というのは日本語ではとても味のある言葉、この裏がなくなりつつある。裏を置いておく場所がなくなってしまった。そして私たちの仕事はその裏を取り扱うのだとお話ししました。

マイケル・ジャクソンの徹底したセルフモニタリング

ここで、マイケル・ジャクソンの話をします。マイケル・ジャクソンの素顔はどこに行ったのか。

2009年6月、マイケル・ジャクソンの死[42]という事件がありました。映画『This is it』を見ましたか? あれはリハーサルを記録した映画です。これは、

42　マイケル・ジャクソンの死
マイケル・ジャクソン(1958―2009)は、2009年6

さっきお話ししたセルフモニタリングがもう無茶苦茶起こっている映画ですね。

リハーサルというのは、まだ撮らなくてもいいところにもかかわらず、マイケル・ジャクソンはすでにカメラを置いて自分を撮って、すべて把握しようとしている。マイケル・ジャクソンはそのモニターの中の自分の姿を見ている。モニターを見ているところが映画に出てきます。あれだけ自分の表をモニターできるとなると、自分が自分の表を操作することになってしまって、自分は自分の操り人形となってしまうでしょう。

私はマイケル・ジャクソンと同じような傾向が現代人には進んでいるのではないかと思っています。自分が自分を操作でき、そして自分の姿を見られるので、自分を修正することが可能になった。おかげで、私たちは自分を自分の操り人形にしてしまっている。そうすると、素顔はどこへ行ってしまうのか。マイケル・ジャクソンのあの黒い顔はどこへ行ってしまうのか。

彼の苦悩の根源は、黒人であったお父さんに似ているところにあったのではないかと言われています。素顔とつくりあげた白い顔との間の葛藤が、彼の中にあったのは当然でしょう。それを忘れるために薬物がだんだん必要になっていった経緯が空想できるのです。というのは、そういった現代人、そして患者さんが多いから。

月25日、麻酔薬プロポフォールと抗不安薬ロラゼパムの複合使用が原因で急死した。2009年7月から予定されていたワールドツアー「This is it」のリハーサルを死の直前まで重ねていたマイケルの姿を収めた映像は、死後『This is it』として映像作品化され、世界中の映画館で上映、DVDが販売された。

私たちは、私たち自身でつくりあげていく自分の仮面と、自分の本来の醜い姿、あまりさらけ出したくない姿との間で葛藤する、あるいはそれが進行して引き裂かれている。そういう時代に入った。これから私たちセラピストはこの引き裂かれを取り扱う時代に入ったのではないかと思う。

患者の心をモニタリングするのがセラピストの仕事

機械的セルフモニタリングで編集される自己。テレビ画面、モニター画面、あるいは家でみなさんがデジカメを使っている時のあの作業、「あ、これ消しちゃおっ」と言って、いいものだけを残していく、あのプロセス。そのことで私たちにとってのモニター画面は自惚れ鏡となる。「映画は自惚れ鏡である」と言った評論家がいて[43]、ここではその言葉を借りているのですが。私たちが手に入れたモニター画面は私たちの鏡であり、それはしだいに自惚れ鏡と化す。

自惚れ鏡というのは、「鏡よ鏡よ鏡さん、私を好きと言ってくれ」と言ったら、「好きだよ、あなたは美しいよ」と言ってくれる鏡です。そこには脚色され、演出された自己がいる。もはや写真映りが悪いとは誰も言わない。写真映りが悪いものは全部消去されるから。

43　「映画は自惚れ鏡である」とは、映画評論家・佐藤忠男が『映画をどう見るか』（講談社現代新書、1976）で論じている観点。「映画とはなにか。この問いに一言で答えるのは不可能であるが、あえて、ある一面で割り切っていうならば、自惚れ鏡である。（…）個人々々の映画ファンの心理についてもいえるが、（…）映画は民族や国家の自惚れ鏡である」。

こういう時代になりつつあるので、おそらく私は、諸君らが取り扱うこれからの症例は、外向きに編集された自己と内側に取り残された裏側、この間の乖離、あるいは分裂、あるいは葛藤で苦しんでいる人たちを取り扱うことになるだろうと思います。

ところが、ひとつだけこの機械的モニタリングのできない領域がある。それは心です。自分の心のことまで映すことはできない。どんなにこれから自己モニタリングの装置が開発されても、おそらく自分の心を映し出す鏡は、裏側を映し出す鏡は、絶対に手に入らないだろう。

私は患者さんによく言われます。「先生、私のことが好きですか？　どう思っていますか？　私のこと臭いと思っていますか？　醜いと思っていますか？　先生は絶対に私のことが嫌いに違いない」と。私たちはそれに答えません。前回話したように、私たちは楽屋を見せてはいけない、本音を言わない。なぜならこれは私たちの仕事の技法だからです。そう言って苦しまれている時に、私たちは「あなたは人の心を想像するときに、必ず自分が悪い印象を持たれていると思い込むんですね」ということを指摘することができる。

つまり、人の心がもつ傾向を映し出す鏡になること。「人と出会うと必ず競争してしまうんですね」とか「結局あなたは甘えたいんだ」とか「あなたは愛されてないときっと思っている。でも、実はちょっとくらい愛されていると思ってるでしょう」、というようなことを指摘する鏡になるということが、私たちの仕事として果てしなく続くのです。

この、人の心の鏡になるという機能において、臨床心理学は儲からないけど生き残ると思います。人の個別の心の十人十色の色を映してあげることです。それは絶対に機械的モニタリングではできないから。

もちろん、人はいままでにも、親友、尊敬できる人、親、長老、学校の先生といった人たちを相手に、これを経験していたかもしれない。しかし、みなさん方の世代は、そういった身近の信頼できる他者に悩みを打ち明けるという環境や関係はほとんどなくなってしまった。そしてそれは職業化され、専門家というかたちでみなさんの前に再登場した。それが精神分析家であり、セラピスト、カウンセラーと呼ばれる仕事であるのです。

個々の心の姿を教えてくれる他者。これが職業化されたのです。これをシステマティックに行おうとしているのが、精神分析です。精神分析はこの意味で生き残るだろうと、私は思います。

そのために私たちは治療室において二人だけの世界を提供し、素に戻る場所を提供し、出会いの相手としてそこに現われ、そこで仕事をする。だから、私たちはさっきから言っている第三者、「みんな」ではないんです。この仕事の領域は、第一者に対しての第二者であることなのです。そして二者間内交流で二者言語を話す。

二者間内交流

二者間内交流の説明をしますね。いよいよ私がこれを説明するのは最後、私の最後の授業ということになります。

これは私が浮世絵から母子関係を学んでいて注目した構図です（図7）。情緒的交流と、身体的交流と、共に思うこと。これが二者間内交流です。第一者、赤ん坊がいて、そして鏡としての第二者、母親がここにいて、そして世界がどのように見えているかを話し合っている。

二者間外のものについて話していると、これは二者間外交流です。ここでは魚のおもちゃを共に見ること、私が「共視」と呼んでいるものです。あるいは、母親によるネーミング、名づけ。彼女は「魚よ」と言っている。

この関係性を重ねてみたとき、テレビはどこに置かれるかというと、この魚の位置にある。ふたりでテレビを見ているという構図になるでしょう。この二者間外交流が行われているときに、つまり文化の継承（共視）あるいは言語の習得（名づけ）という大事な母子関係の二者間外交流がこの場面で内的になにを経験しているかというと、同時にお母さんとの間で情緒的交流、二者間内交流をしているのです。「世界は面白いよ」って、「世界は次々と面白いものが見つかるのよ」って。

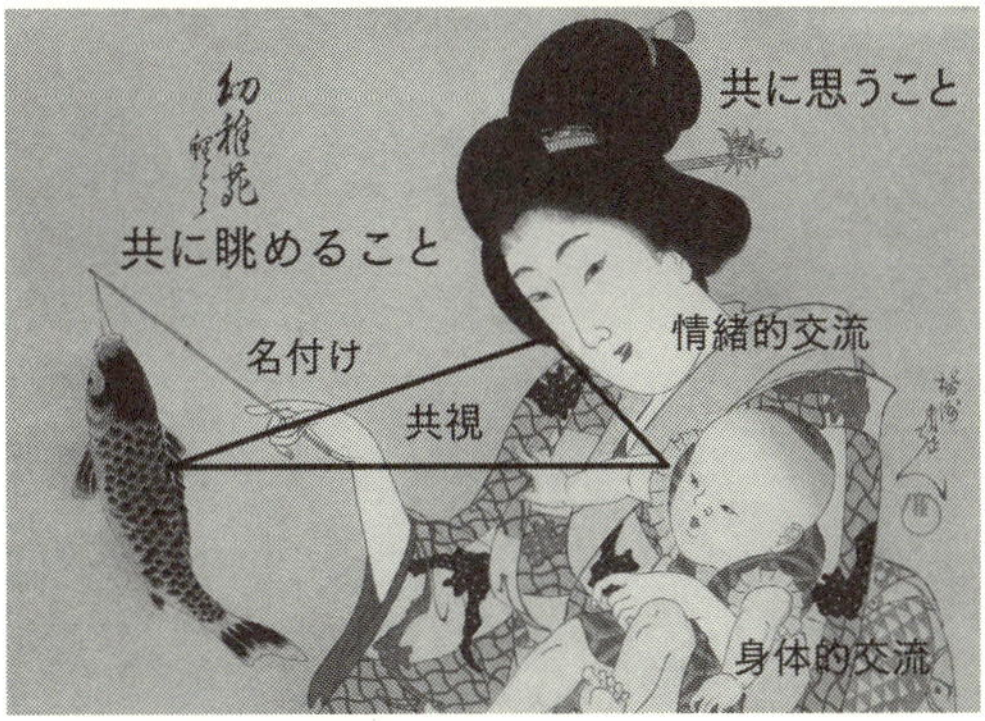

7　楊洲周延《幼稚苑 鯉とと》より

「面白い」という言葉の語源は、「面《おも》」つまり顔が同じ方向に向かって、なにかを見ていることにあると言います。テレビという光を見ていたり、昔だったら囲炉裏端の火を囲んで面白い話をしたものです。たいてい見ている先には光があったんですね。光のある方向に私たちは向かうんです。ステージの光の中にいる人間の顔を見てると、オーディエンスは光に当たって顔が白くなる。いま諸君らの顔が浮かんでいるのと同じですね。顔が白くなる、その瞬間が「面白い」なんだそうです。これは民俗学者が言っています。[44] というわけで、「世界は面白いよ」って言葉には出さないけれど言っているのは二者間内交流です。

だから、この位置にいるお母さんが機能しなかったり、不在であったりすると二者間内交流に悲劇が起こります。そういう、「世界は面白いよ」ということを照らし返さなかったり、面白いものを探している赤ちゃんの思いに応えてくれなかったりというようなことが起こると、この二者間内交流に悲劇が展開しはじめるのです。

44　民俗学者・柳田國男は「野鳥雑記」のなかで、「面白い」の語源について、（野の鳥の昔話に）子どもが一致して耳を傾ける心持を面白いといったという、「人の顔が一つの光に向かって、一斉に照らされる形を意味したらしい」としている。

セラピストは二者言語のつかい手

私たちセラピストはお母さんの仕事を引き継ぐわけですから、お母さんの仕事から学ぶことがたくさんある。ここでお母さんがやっているのは、二者間内交流です。「面白いね」という話しかけ、それは非言語的に、情緒的に伝えられている。「きれいね」というようなことは、非言語的に身体的に伝わる。でも、この領域を言葉にして取り扱うのが私たちですね。

テレビが取り扱うのは、二者間外交流です。外から世界がどう見えているかを切り取って、「ああ、面白いね」と、画面を提供してくれている。でも、それを諸君らが肩を並べて一緒に見た、この相手との交流は二者間内交流です。

だから、これはステージのエンディングみたいだけど、私が消えても、諸君らの横のつながりは残るんだよ、というような話なんです。これが生きている時の糧です。それは人生という旅に出る時もそうですね。私の同期と呼ばれるような人たち、一緒に旅に出たパートナー。どこに行ったかよりも誰と行ったのか、どういう行為をしながら誰と出発したのかのほうが生きている糧になる。だから、私たちはそういった二者間内の交流を取り扱う。そして、二者言語を喋る。第三者を意識したものではなくて。

私にとってこの授業が、だんだんだんだん、もうテレビのことはどうでもいい話になっているのは、これが二者間内交流、諸君らとの対話になりつつあるからでしょう。画面の向こうにいる人たちのことなんて、あえて言えば知ったことではない。私たちはこの感覚のなかで仕事をするのだと思うんです。人にどう思われているかなんて、あまり心配しなくていい。要するに、「世界は面白いよ」って語り合う。あるいは「面白いね」って語り合う相手がいなかったんですね」というレベルの交流を取り扱う。

だから、セラピストになろうとする者には、二者言語が喋れることが大切です。世の中は三者言語ばかり求めてきます。この九州大学がどれだけ優秀な人材を世界に送り出したのか数で示せと求められる。学会発表を何本やったかが求められる。さっきの話と同じです。270万枚売ったことのほうが大事になってくる。第三者がはっきりと分かるようなものを示せ。これが第三者言語のありようですね。

セラピスト自身の環境も大事

セラピストは二者間内交流を維持できることが大事である。育児でもそういうことが起こります。テレビだけ見せておく育児というのは、二者間内交流がないんですね。二者間内というものの大部は非言語的で、生身の人間だけにしかできない交流だと思う。

もうひとつ、セラピストになろうとする者には、懐の深さというか、人の悩みを置いておくスペースが必要です。人の悲しみや怒りや、そういったものを抱えておけるスペースです。セラピストが一緒になって家に帰ってから暴れてしまったり、悩んでしまったり、もらい泣きしてしまったり、患者さんよりも落ち込んでしまったりしたら、患者さんは話せなくなってしまう。人の悩みを心の中に置いておく包容力があること。人の悩みを聞いたら、すぐに翌日誰かに話さないと気が済まないなんていうのは、役に立たない。

　もうひとつ、私たちセラピストが健康であるためには、私たちと二者間内交流を取り結んでくれるパートナーや抱える環境に恵まれていないといけないということ。人の捌け口になるためには、私たちの捌け口が必要。私には私の友人がいます。私には私の家族がいます。この家族の中が健康に、順調に展開してくれているると、私はセラピストとしての機能が高くなるわけです。

　だから、私が悩みをあふれるほど抱え込まないことも大切。悩みを抱え込んでも、それを共有する誰かが楽観的に処理してくれたり、包容力をもって接してくれたりしていると、私はセラピストとして機能しやすくなる。当たり前ですよね。この「包容力」というのは、素晴らしい日本語だと思う。包んで容れる力。英語ではcontaining[45]といいます。また、holding[46]という表現もあって、「抱える」という意味です。赤ん坊を腕で抱えるように、人の悩みを抱える能力。それは普通の人たちが妻子を抱える、あるいは会社で従業員を抱える、そういう力に通じるもので、別にセラピストだけがもっている資質ではないのです。

　ですから、私がここまで機能できたのは、私の周辺にいて、私を抱えてくれた、諸君らも含む抱える環境が維持されたからだろうと思います。特に家族に対してはほんとうに深く感謝したい。環境が私の悩みの種になって、環境の管理のほう

45　contain／containing　コンテイン／コンテイニング。インド生まれのイギリス人の精神分析家W・R・ビオンが洗練させた概念。二者間関係において、相手からの投影物である感情や思考を受け入れ推敲する心的態度のこと。カタカナ表記のまま用いられることが定着しているが、日本語にするなら「容れること」が代表的な訳語。

が私にとって消耗する現場であったら、私はこの仕事ができなかっただろうと思います。

治療室は心を見るための場所

だから、二者間内交流のための治療室は相手の心を見る場所であって、そこでは見えるものには特に関心はない。ここがマス・コミュニケーションとの差でしょう。テレビのコミュニケーションは見えるものがないとほとんど成立しない。そこでは二人だけがいて、みんながいない。これが私たちの仕事の密室主義、個室主義といわれるところなんですが、これは仕方がないです。大事な話をする時に、「お人払いを」と言うのと同じです、みなさん時代劇で聞いたことがあるだろうと思うんだけど。これが私たちの方法ですから。

これから諸君らは、ここを守るための番人にならねばならない。人々が聞いてほしいここだけの話を、ここだけの話として取り扱わねばならない。今回のテレビ撮影で、私は密着して取材したいと言われたことがありましたが、私の楽屋が公開されたら患者さんたち自身が公開されるのと同じようなところがあるので、お断りしてきました。

46 holding　ウィニコットが、育児の重要な側面をとらえたもので、母親や母親代理者が依存する子どもをその腕にだき抱えて、これを一貫して支えることを指す。この語の日常性と多義性、ウィニコット理論の特徴である動名詞表現がもつ継続の感覚を生かした「抱えること」という訳語が代表的。

私はこの授業で、ここだけの話は出さなかった。患者さんのことはあまり引用しなかったですよね。講義でやたらと症例を引用する人たちもいます。でも、それだと人の心の中は守れないですね。だから、私は外に向かって公開される授業において患者さんを引用しなかったことが、私の信頼性を高めることにつながっているだろうと思う。当たり前といえば当たり前だけれど。そのようなわけで、症例がほとんど引用されない授業が今回行われました。ほとんど出したのは私のことだけです。それも公開されているところだけを表に出しているだけ。実際、私がなにを感じながらここにいるのかは察してもらうしかない。これは前の授業で強調したとおりです。

精神分析家になるためのトレーニング

では、二者言語や二者間内交流という専門性の高いこの交流の領域は、いったいどのように、どこで学ぶことになるのだろうか。そこで精神分析における教育についてお話ししておきたい。

精神分析家になるには、スーパービジョン、訓練分析といわれるものを受ける必要があります。二者言語を学ぶためには、精神分析を受けてもらうしかない。

これが口伝、あるいは巻物伝授のような営みなんです。私たちの仕事のためには修行をしなくてはいけない。この修行というかトレーニングの部分で、訓練分析というものを実践しています。

訓練分析、英語で言うとtraining analysis[47]は、セラピストがどのようにして人に照らし返すのか、あるいは二者言語を喋るのか、あるいは二者間内交流を維持するのかを身をもって学ぶためのとてもいい方法です。当たり前ですが、受けてもらうのが一番いい。

私はこれまで一週間のうち10時間くらいをこれに割いてきました。私の労働量のかなりの部分をこれに当ててきたのは、同僚やこれからこの仕事を引き継いでくれる人たちを育てるためです。このトレーニングはどういう効果を狙って行われるのかというと、私の分析がセラピストに取り入れられて、私の鏡としての機能によって彼ら自身の内省力を高めるためです。あるいはこれによって心にスペースが空いて、空間が生まれて、内側を見つめる力になるかもしれない。包容力を生み出すかもしれない。私たちは、そこでほんとうに心の中のことしか話し合いませんから。

こうして、私たちセラピスト自身も生身の他者に出会わずして自分を知ることはできないという現実にぶつかります。つまり、セルフモニタリングの時代だと

47　訓練分析（training analysis）　精神分析的治療者を志す人は精神分析を受ける義務がある。教育分析というのは教育的な分析を意味する日常的表現で、そのうち精神分析協会等の資格をとるために行われる分析が「訓練分析」である。

はいえ、機械的セルフモニタリングによってでは、心に関する自己モニタリングはできないということを実感するのです。

ですから、あなた方もトレーニングのための分析やセラピーを受けて、そして自分の中にある心のセルフモニタリング機能を高めてほしい。スーパービジョンは、治療経過をベテランのセラピストと語り合うことで、私たちのセラピストとしての機能が照らし返されるものです。この精神分析のシステムが臨床心理士の教育にも取り入れられて、今日では臨床心理士のトレーニングの基本となっています。

ですから、みなさんが心理療法士になるにあたって、あるいはカウンセラーになるにあたって、一番てっとり早くて一番確実な方法は、自分でセラピーを受けてみることです。自分で尊敬できるスーパーバイザーに出会って、そして「ああ、こんな先生になってみたいな」と思えるようになること。これは二者間内交流の最たるものですね。これは精神分析では「同一化」[48]と呼ばれる現象です。私はそれは教育者として一番大事なことだと思っています。

なにが一番教育で役に立つかというと、「ああ、こんな先生になってみたいな」と思ってもらえることです。そういう意味では、今日の授業を通して、精神分析をやってみたいと思う人が一人でも増えてほしいと思うし、「臨床心理学は面白

48　同一化　ある主体が他の主体の外観、特性、属性をわがものにし、その手本に従って、全体的にあるいは部分的に変容する心理的過程。

い」って思ってもらえれば、ほんとうにこんなに嬉しいことはないです。もちろん、「面白い」にも教育にも幻滅がつきものですが。

最後に出しますが、これは前田重治という私の前任者が使っていたカウチです（写真8）。これは精神分析の治療の道具です。私が枕もとの椅子に座って、患者さんたちが横になって、私の顔を見ないで自由に連想して、私はそれについて考える。あるいは抱える。この上で泣いたり怒ったりされる。ここだけの話がいっぱい出てくる。

なぜこれをいま出しているかというと、私が九大をやめるのと同時にこれも破棄されるから。というのは、ここのスプリングが潰れてしまって、使い物にならなくなりつつあって、処分するしかないんです。前田重治先生がつくってから、50年くらい経ってます。私たちの仕事の道具といったら、これくらい。家具が私たちの治療の道具です[49]。

最後になにか質疑応答して終わりましょうか。はい、どうぞどうぞ、喋って。

――いろんな人を治療していくなかで、他の分野の医療とか福祉の人と連携が必要になる場合があると思うんですけど、そういう動きと精神分析は両立するのは難しそうだなと思ったんですけど、そのへんはどうされてるのでしょうか。

8

49　このカウチは九州大学ユーザー感性学専攻で保管することが検討されている。

そうですね。グループワークというか、チーム医療ということで役に立とうとしている人たちの現場では、個室に入って二人だけになろうとする精神分析の傾向は役に立たないかもしれません。むしろ、私たちが狙っているというか、私が可能性を感じているのは、精神分析は同業者の精神衛生のために貢献できているということ。

チーム医療、あるいはチームで仕事をするなんて、こんなにストレスの高いものはない。そのなかで傷つき、悩み、苦しんでいる医師たちの裏方に、分析的サイコロジストはなれるのです。そういうことが私たちの役割ですね。だから、あれもこれもできないですから、外に出て、外で仕事をしようとしている人たちの楽屋担当。これが私たちの仕事だと思います。

連携が難しそうだと思われるのは当然だと思います。私たち精神分析家は動かないですから。部屋から出ないですから。この動かないというのも、私たちのひとつの方法なんです。外に出て動くと視点が移るので、なにが見えているのか、どう理解したらいいのかに迷いが生じるのです。だから、これは今日は強調しませんでしたけど、同じ場所で同じところから同じ世界を見つめているという仕事のあり方が方法になっています。

もうひとり。はい、どうぞ。

――さきほど、先生が二者言語を使うためには、実際にカウンセリングを受けてみなければいけないというふうに言われたんですけど。カウンセリングを受ける時というのは、なにか悩みごととか辛いことがあって聞いてもらうというイメージが強いんですけど、もしそういう類の辛さだとか悩みだとかがない場合でもカウンセリングは受けられるんでしょうか。

うん、悩みのない人間なんていないです。みんなどこかに狂ってるものを抱えて生きてるでしょう。ここにいる人たち、みんな正常そうな顔してるけれども、私がいつも言ってることを繰り返すと、裏側にいろんなことを隠して、そしてそれを抑圧して生きている。だって、学校に行きたくないという思いはみんな持ってるじゃないですか。もし持ってなかったら、この仕事やめたほうがいいよ。学校に行きたくないという思いをみんなに喋ってないだけですから。私たちのところに来て、みなさん、「実は僕も死にたいんです」というような話になる。

――いまの自分に悩みがあるといえばあるんですけど、それほど重要ではないなあという悩みばっかりで。それは時間が経てばなんとかなることかなと思うんです。自然に解決するような悩みじゃないかなというのがあるんですけど。

ああ、それはそうですね。前にも言いましたが、時間のおかげで治るというのが悩みのひとつの性質でもありますから。

――そういう悩みでもカウンセリングの場で話すものなのかな、というのが。

みなさん、おっしゃいますよ。「こんなしょうもない話でも、先生、つきあってくれるんですか」って。出会った多くのケースでそんな話になるのです。ある方は「北山先生みたいな大先生がこんなしょうもない話を聞いてくださるんでしょうか」、というふうに言っておられました。でも、そのしょうもない話の背後に、大事な大事な話が実は隠されていたりする。それはむしろ、その方の自己卑下傾向というか、自分を貶める傾向がたいへん生きにくくさせている。だから、悩みの3つ4つくらい、なくてどうするかと思いますよ。あまり重症のものを持っていると困るけれど。常識的な葛藤や不安をほどよく持っているくらいがちょうどいい。だって、それは共感するときの材料になりますからね。

最後に強調しておきたいことがあるんです。それは、授業のなかでも話しましたけど、いなくなるから取り入れられるという原則です。消えずに、いつまでもだらだらとくっついている母親は、子どもの心の中に取り入れられないと言われています。いなくなるから、上手く消えるから取り入れられる、お母さんのイメージが心の中に残る。そういう心理学が非常に貴重だと思うのです。もし、私がみなさんの心の中に取り入れられて、内在化されるなどということが起こるとしたら、それは私がいなくなるからです。「いないいないない、ばー」[50]って言うけれど、「ばー、いないいない」じゃないかと思うんですよね。そうしたら、子どもはいなくなった人たちのことを探す。つまり、心の中のイメージとして取り入れられて、それと同じものを探すんですね。

治療者と別れるから心の中に残るのです。北山修はもうやって来ない。来週、再来週は来ない。

今日は内在化という話をしたけれども、この内在化の部分でも、ひょっとしたら私がいなくなってから、みなさんの心の部分でお役に立てるかもしれません。いなくなって、君たちの心の中に残ったとしたら、残ったぶんだけお役に立てたということです。これが教育の効果のひとつでしょう。教員がやめるのも仕事の

50 フロイトは「いないいない、ばー」（フォルト、ダー）遊びや、その延長上にある「隠れん坊」などの子どもが歓ぶ遊びに注目した。フロイトが行ったフォルト、ダーの遊び（糸巻きを寝台の下に隠したり引っ張り出したりする）における観察と分析では（「快感原則の彼岸」）、子どもは対象が消えることと姿を見せることを一組にして、再会だけではなくこれを失うことにも楽しみを見出していた。これは、対象を支配する子どもは愛情や愛の対象である母親の不在を受け入れながら、同時に受

うちと思いますので。どうも長い間、おつきあいありがとうございました。

け身的で不快な対象喪失を能動的に劇化して快感を獲得していると捉えられる。このような喪失と再会を一対にする遊びは、子どもが対象の不在に対処すること（内的な対象恒常性）、そして自他の分化や自己の確立へと向かうステップとして語られることが多い。

II

最終講義

〈私〉の精神分析——罪悪感をめぐって

私と精神分析

私は、今日の最終講義に「〈私〉の精神分析」というタイトルをつけました。私はこれまでずっと精神分析学と関わってきて、この私がなにをしてきたのか、ということを紹介したいと思ったからです。私は、日本語で、あるいは日本文化のなかで精神分析学を行うということを強く意識して、今日に至りました。

はじめに、私のバックグラウンドを簡単に語りたいと思います。多くの精神分析家が精神分析を受けることで精神分析と深く関わっていくように、私も精神分析を受けることから精神分析と関わるようになりました。大学を卒業後、ロンドンで分析を受けたのですが、これもまた多くの精神分析がそうであるように、不十分でありました。そのことによってかえって、自分自身の精神分析を継続することが私にとって大事なのではないかと感じることになったのです。

精神分析は、やればやるほど、自分が問われる。自分のことを問うというのは非常に難しい営みでありまして、そんななかで自分、そして人間の心の奥にあるものを知るためのもうひとつの方法として、神話や昔話を活用するようになりました。神話と昔話に描かれた人間の物語を読み取って、ゆっくりと洞察を深めていくことは今後も続くと思うし、若い頃よりも自分なりに進んでいると思っているのですが、今日はみなさんにその中間報告をしたいと思います。

「心の無意識の台本」

神話や昔話を活用する分析の方法には、とても大きなメリットがありました。それは人間や文化についての洞察の深まり広まりを、患者さんの症例やプライバシーを詳細に報告・公開することなく示すことができるからです。このことが私に、大きな仕事をさせてくれたという感じがします。

それともうひとつ、私は歌をつくります。神話にも歌がほんとうにたくさん出てきます。特に『古事記』は非常にポエティック、詩的な内容です。歌謡曲やヒット曲などでは歌っていない、あるいは歌えないようなものを歌っているというところが、精神分析の素材としてはありがたい、深層心理学に至る貴重な道になったわけです。

今日は、はじめて精神分析のことを聞く方もいらっしゃるので、ジークムント・フロイトが始めた精神分析の考え方を私なりに要約して解説しておきましょう。

精神分析には、他の心理学と際立って異なる特徴があります。それは、人の言動を決定する心の領域として「無意識」というものを大きく認めることです。人には、ほとんど無意識にあらわれる言動があり、その中身を言葉で取り扱うのです。精神分析は「言葉で取り扱う」という意志にあふれる方法、言語的治療と位置づけることができます。こういう話を強調したら、「九州で言葉、言葉って言うと嫌われるよ」と、ここにいらっしゃる前田重治先生に言われたことがありますけど(笑)。でも、ずっとこのことを強調してきました。日本語臨床研究会[1]というものも立ち上げて、仲間たちとこの観点から心理学を深めてきました。

人の無意識の言動の中身を言葉にしていくと、早期の乳幼児期・幼児期でのお母さんやその乳房との関係、お父さんとの関係、私たちの用語で「対象関係[2]」といわれるものがそこにはあることが分かってきます。つまり過去に由来する経験です。人は、関係が深まれば深まるほど、話が深まれば深まるほど、話が過去へ

1　日本語臨床研究会　日本で日常臨床に用いられている言葉が日本語であるという事実を踏まえ、臨床における日本語や日本語概念の使用について臨床理解を深める機会として企画され、１９９４年から活動を始めた研究会。２０１０年をもって休会。これまでのテーマは以下の通り。

過去へと遡る。これは過去をあまりにも重視するということでロジャース派[3]などの他の学派から批判も受けているわけですが、そのことは「三つ子の魂百まで」とか「雀百まで踊りを忘れず」などの諺にもなっているのです。

その観点から私たち精神分析家が発見したのが、人間には無意識につい繰り返してしまう、情緒的な関係になるとつい繰り返してしまう、「心の無意識の台本」というものがあるということです。私たち精神分析家は、これを転移分析[4]や、クライアント、患者さんとの関係のなかで繰り返されることを観察しながら言語で読み取っていこうとします。これがなかなか難しいわけですが。

罪悪感をめぐって

これがどのようなことかをご紹介するにあたって、私は「罪悪感」というテーマを取り扱いたいのです。私は最近、罪悪感というものに非常に関心を持っています。精神分析というのは、実は罪悪感の心理学と言い切ってもいいのではないかと思われるほど、フロイトはたいへん長くこのテーマに取り組んで、終生これに苦しんでいたように思います（本書173―175頁参照）。「無意識的罪悪感」という言葉もあって、罪悪感の発生について、精神分析は多くを語ってきました。

第1回「恥」／第2回「自分」／第3回「あきらめ・そして癒し」／第4回「甘えとことば」／第5回「日本の家とその家族――そのウチとソト」／第6回「阿闍世コンプレックスとその臨床的意義」／第7回「父親像の臨床」／第8回「ユーモアと日本語臨床」／第9回「語りの精神療法――物語の紡ぎ方」／第10回「言葉のうまれるとき」／第11回「間――あいだ、もしくは、ま」／第12回「踏みこえること、踏みとどまること」／第13回「臨床におけるタブー――〈見るなの禁止〉」／第14回「比喩と臨床」／第15回「罪」／第16回「死――その恐怖と受容」／第17回「色とセクシュアリティ」

2　対象関係　精神分析において、人間を自己と対象（他者）との関係によって成立する存在ととらえ、精神やパーソナリティの構造を理解するときの観点。

3　ロジャース派　アメリカの心理学者カール・ロジャースがおこした学派。知的な洞察より罪悪感についての代表的な二人の論客が、フロイトとメラニー・クラインです。[5] この二人の理論を、背後にあるものとしてすこし知っておいていただくと全体が分かりやすくなります。

フロイトは、私たちの用語で「超自我」[6]、一般的には父性、あるいは第三者、第三項といわれるものに着目しました。近親姦的になりやすい、つまり密着型のやりとりになりやすい母子関係に割って入る存在である父親です。お父さんに叱られるとか、威嚇されるとか、お父さんが怖いからと思うことで、密着型の母子関係は断念されるのだ、と。フロイトは法や掟の起源も超自我として位置づけて、父性というものが人間の社会にとってとても大事であると強調したのです。フロイトの精神分析理論には父親のことがとてもよく出てきます。

もうひとつ、私がロンドンで知ってたいへん感動したのが、メラニー・クラインの理論です。クラインは、愛している者を攻撃していた、愛している者を憎んでいた、愛している者を傷つけていたということに直面して、あるいはそれに気づいて、わたしたちは「悪い」と感じるのだ、と言ったのです。

これについては、母親のことがもっとも代表的です。お母さんをすごく愛している。愛しているんだけど、一方で「お母さんなんか死んでしまえ」と言ってしまう、感じてしまう、思ってしまう。この両面性に直面するときに、私たちは

も無条件の受容を、解釈や技法よりも非指示的態度や個人的な力を強調するなど、常に精神分析に批判的な立場から独自の人間学的で実存的な学派を形成した。彼の影響で「患者」の代わりに「クライアント」という言葉が臨床で広く使われるようになった。

4　転移分析　患者の過去の体験、行為、言動、心の動きの反復が治療者に対して展開するとき、無意識の「心の中の台本」が治療者を相手にして外部に転移したと考える。精神分析では、この治療者に転移した患者の感情、態度、関係の持ち方等を分析し、それを言葉で意識して共に考えることが、過去を引きずる患者のパーソナリティや生き方に変容をもたらすと考えている。ただし、そこで分析された「過去」が本当にあったこととする立場、主観的幻想を強調する立場、あるいは一種の創造的物語であるとする立場など、様々な考えがあるが、この転移分析や治療関係の分析こそ精神

「ああ、悪かったなあ」と痛感するという理論です。私はこの理論をほんとうに知ったときに、なんとすごい洞察だろうと感じました。つまり、罪悪感は外側から押しつけられるものではなくて、内側から生まれるという話なのです。心の奥底から、私たちは悪かったと思わざるをえない。

『レ・ミゼラブル』のジャン・バルジャンは、銀の燭台を盗んでしまう。盗んでおいて、神父さんに許してもらった上にさらに少年を傷つけた後で「悪かった」と感じる。けっして憲兵に叱られたから「悪い」と感じるわけじゃない。愛している者を傷つけたことに直面して、私たちは悪いと感じる。この二者関係のなかでの罪悪感の発生論が、私を深いところで捉えました。私はこれにハマったといってもいいですね。

これを図式にしてみたのが図1です。メラニー・クラインの理論では、お母さんにふたつの乳房があることを比喩的に使って、良い乳房と悪い乳房の両方が合わさるところ、つまり、好きだけれども嫌いだという、あるいは愛しているけれども憎んでいるというところの領域で、私たちはアンビバレンツ[7]を経験するとしています。「アンビバレンツ」とは「二律背反」という意味で、両者が両極に引き裂かれている状態です。その両者が重なるところ、あるいは統合されるところといえるかもしれませんが、そこで私たちは罪悪感を感じる、という図式です。

分析の主たる方法であるとする点では一致している。

5　メラニー・クライン（1882－1960）ウィーン生まれロンドンで活躍した精神分析家。母子の間の幻想的交流を重視し、妄想・分裂ポジション・抑鬱ポジションの発達ポジション、投影同一化、躁的防衛など、独自の斬新なアイデアによって多くの理論を生み出した。「対象関係論」と呼ばれる方法論の流れをつくり現代精神分析に大きな影響を与えた。

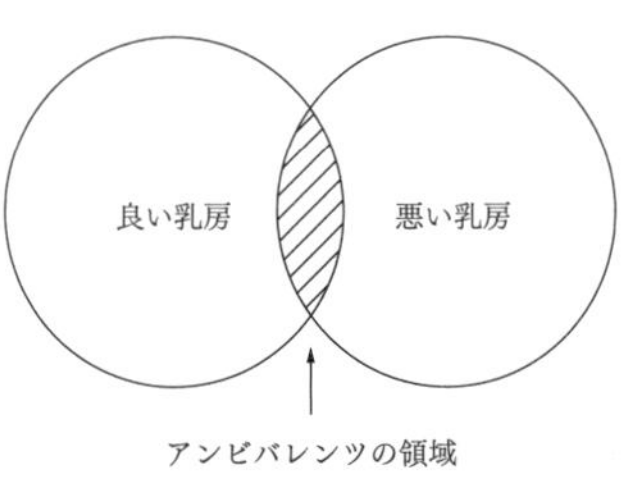

1　良い乳房と悪い乳房

三者関係、三角関係でのフロイトの罪悪感を図式にしたのが次のものです（図2）。父が母と子の間に入って私たちを叱責するので、良いと悪いの両面性に直面して、自分が悪い子であると同時にいい子である、いい子でありたいけど同時に悪い子であると思い知って、私たちは「悪かった」と感じる。実に深い深い理論です。

このような、理論と自己分析との出会いが両輪となって、私を30年間、神話や昔話の分析に向かわせました。

『古事記』から読み取る日本人の「心の台本」

神話は、人間が無意識に繰り返す「心の台本」が広く共有された例として位置づけることができます。よく知られている「エディプス・コンプレックス」[8]は、フロイトがギリシャの父親殺しの神話を活用して理論化したものです。最終的にお母さんと結婚してしまうエディプスの物語を用いて、さきほど述べた父と息子の対決の物語をフロイトは読み取った。

これをお手本にして、日本の神話を見てみたら、なにがあらわれるだろうか。私たちには私たちの神話があり、そこには私たちの物語が描かれている。私は神

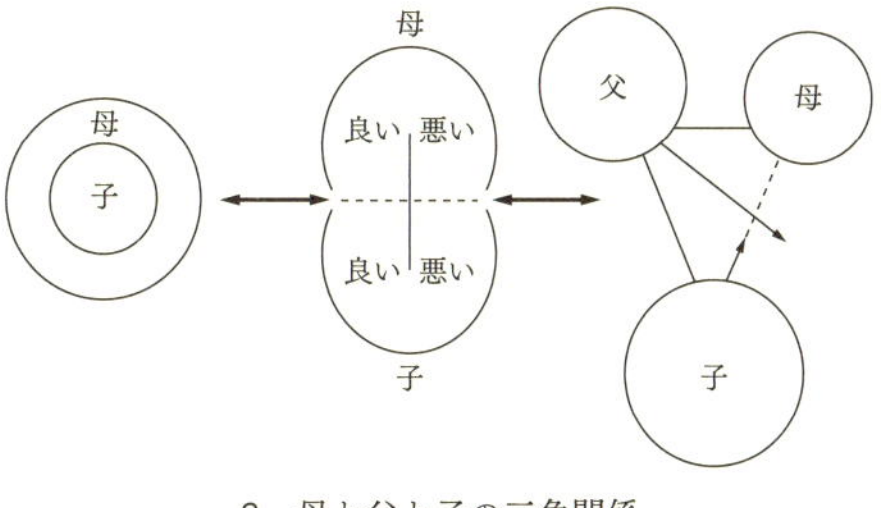

2　母と父と子の三角関係

6　超自我　フロイトによる自我の概念のひとつ。心的装置のなかで自我から分化してかたちづくられるひとつの組織、もしくは活動機関。フロイトの表現では、自我に対して裁判官や査察官の役目を担い、良心、自己観察、理想形成をその機能とする。

話を失った者は非常に心が薄っぺらであり、神話を失った国の文化は枯れてゆくと思うのです。

ちょうどその時期に目の治療を受けたことも、私を読書に向かわせました。私は幼い頃から目に小さな異常があり、疲れやすくて、それまで『古事記』を読んだことがなかった。また、終戦直後はアメリカ政府の影響下で、神話を読むことが禁止されていました。なので、事実上、〈見るなの禁止〉[9]がそこにあったわけです。

そしてすぐに「伊邪那岐・伊邪那美神話」にひきこまれました。これは日本の「昔話」ではなく、「神話」です。『古事記』の上巻《かみつまき》の冒頭に出てきます。日本の国々は、お父さん神とお母さん神から生まれたという物語。このお父さん神とお母さん神の結婚によって生まれて起こった悲劇の物語を、今日は「伊邪那岐・伊邪那美神話」と呼んでおきましょう。

ここでご紹介するのは、絵本[10]からとった絵です。この前、ある学生から「先生、『古事記』を読んでもイラストがないんですけど」と言われましたが、『古事記』にイラストはないんです(笑)。それは空想と想像で読まねばならない。これからご紹介するのはほんの一例です。これらは『古事記』そのままの話ではないんですが、まあ、イラストがないとみなさん、分かりづらい部分もあるでしょうか

7　アンビバレンツ　同一の対象に対して相反する感情、心的態度、心的傾向が同時に存在すること。

8　エディプス・コンプレックス　フロイトがギリシャ神話のエディプス王の神話から読み取った精神分析の基本的概念の一つ。子どもが抱く、異性の親と結合したいという願望と、その願望に対する同性の親からの処罰の恐怖や罪悪感から成る錯綜した思いを概念化したもの。

9　〈見るなの禁止〉　二者関係において、幻想的一体感の関係性の保持を望む者が対象に課す禁止。「伊邪那岐・伊邪那美神話」や「鶴の恩返し」の例に見られるように、日本の神話や昔話では、この禁止は対象によって破られ、そこから二者関係は悲劇的展開へと向かうことになる。

3

4

5

『日本の神話　くにのはじまり』（絵・赤羽末吉）より

ら、出しておきましょう。

　左がお母さん神の伊邪那美（図版3）。右がお父さん神の伊邪那岐。母神と父神ともいいます。この伊邪那美と伊邪那岐が結婚するのです。そこで面白いのが、結婚のプロセスが間違っているというので、もういっぺんやりなおしたりするんですよ。日本神話や日本の昔話はやりなおしに満ちていて、失敗してはやりなおす。それで男が先に声をかけようということで結婚します。そして、次々と神々が生まれます。日本の神々や国々は、このお父さん神とお母さん神の結婚によって、伊邪那美の身体から生まれてくる。ものすごい想像力です。ものすごい空想の力だと思います。ほんとうにイマジナティヴでポエティック。

　そして、最後に火の神様を生みます（図版4）。お母さんの陰《ほと》、生殖器から生まれるわけですけど、そのときに大やけどをして伊邪那美が死んでしまう。あとで言いますように、おそらく大量出血で亡くなったのですが、その赤い血が赤い火に置き換えられたのでしょう。そして黄泉の国に葬られてしまう。このようにして悲劇がはじまっていきます。

　とても豊かで豊穣の神様であった伊邪那美が死ぬ。いなくなって、黄泉の国に隠れる。そして、伊邪那岐は「この国をまだつくりおえず」ということで、戻ってきてくれと伊邪那美を呼び戻しに行きます（図版5）。そこで伊邪那美は、ち

10　『日本の神話〈第1巻〉――くにのはじまり』（絵・赤羽末吉、文・舟崎克彦、あかね書房、1995）

6

7

8

『日本の神話　くにのはじまり』（絵・赤羽末吉）より

ょっと待ってほしい、黄泉の国の大王様と相談してくる、と言って奥に隠れるんですが、その時に「な、見たまひそ」、つまり「見てくれるな」と禁止を課す。ところが伊邪那岐はこの禁止を犯して、ひとつ火を灯して入っていく（図版6）。そこで伊邪那岐はとんでもないものを見てしまう。それは、腐乱した妻の死体であった。その周囲を雷様がゴロゴロいっているようなのです。

そこで伊邪那岐は、「見畏みて、逃げましき」、つまりおそれおののいて逃げ出してしまう。それを醜女《しこめ》が追跡する（図版7）。ドラマチックですね。

そこでいったいなにを見たのか。そこで見た光景を、漫画家の石ノ森章太郎さんが描いたものがあります[11]（図版9・10）。この絵、ちょっと、こういうのじゃないんじゃないかと思うところがありますが、そういうただならぬ光景を見てしまう。

でも、よく読んでみると、「見畏みて」まではいいんです。「逃げましき」、つまり逃げたから恥をかかされたと怒っているようなんです。彼は彼女を見捨ててしまった。あえて言うなら、死体遺棄罪ですね（笑）。それで恥をかいたと言って怒って、醜女はその罪を追求するかのように追いかける。

醜女が追いかけてくるのを、伊邪那岐が桃などものを投げて撃退すると、最後についに伊邪那美が追いかけてくる。そこが黄泉比良坂というところです。日本

9

10

人は、死の国と生者の国のあいだに坂があると思っていた。そこで坂に壁をつくって、伊邪那美を閉じ込めてしまう（図版8）。これが生の国と死者の国がふたつに分かれてしまう起源です。

もうひとつ、お見せしましょう。私の友人に中山千夏という人がいます、この人が『古事記』に詳しくて、『古事記』の絵を描いているので[12]、これも紹介しておきたいと思います。女性の描いた『古事記』のイラストですね（図版11）。女性のほうの伊邪那美さんが、伊邪那美さんというのもなんだけど（笑）、出産をしていく。ちなみに、一番最初に生まれるのが淡路島。私の生まれ故郷です。それでなんとなく伊邪那美さんとは縁を感じているんですが（笑）。それで、覗いたところ、女陰が焼けて爆発している。次は、お化けが出た！という感じですね。そして、葡萄や桃でそれを撃退しようとする。そして最後に、右の伊邪那美、左の伊邪那岐によって、生の国と死者の国というふうに分かれるわけです。

ここにある絵で、もうひとつ重要視しておきたいことがあります。この後、伊邪那岐は目を洗って禊ぎを行います（図版12）。この禊ぎから三貴子が生まれます。でも、いったいその洗うという行為がなぜ行われたのか、もうすこし見据えて考える必要がある。なぜかというと、私たち臨床家はここで逃げるわけにはいかないからです。私たちは、これをある意味で取り扱わなければいけない。だからこ

11　石ノ森章太郎『古事記』（マンガ日本の古典1、中央公論社、1994）

12　中山千夏『いろどり古事記』（自由国民社、2006）

11

12

『いろどり古事記』（絵・文　中山千夏）より

れを理解せねばならない。ここに日本人が気づいていないかもしれない神経症的な不潔恐怖傾向があるのだとしたら、それを自己分析して、この正視できないものについて考えていかなくてはならない。

このことに注目した昔のある精神分析研究者[13]が、これが日本で一番最初の神経症の記録だ、と記しています。たしかに日本の神話は不潔恐怖傾向に満ちています。恐ろしいものというと、汚いものなんですね。振り返って、伊邪那岐は、そこは汚い国だったと言うのです。

さて、そこでなにを見たのか。どのように見えたのか。そこに後世の芸術家・文化人たちが見たもの、描き出したものを参考にしながら、さらに進めていきましょう。

13　青木繁《黄泉比良坂》1903

黄泉比良坂の光景を日本画家の青木繁が描いています（図版13）。追いかける醜女と、ほうほうのていで逃げていく伊邪那岐の後ろ姿。そして、こちらが黄泉比良坂の習作です（図版14）。これが腐って雷《いかずち》に取り囲まれている伊邪那美

13　日本神話を神経症の記録として論じたのは、浦上帰一（1964）「対人恐怖と日本文化」、「精神分析研究」10 (6), pp. 24-26.

14　青木繁《黄泉比良坂（習作）》1903年頃

の姿でしょうね。私は若い頃音楽をやっていて、父親に「女の腐ったみたいなやつ」と言われたことがあって、女が腐ったらどうなるのかなって思ったんです。ここに腐った女が描かれていて、「ああ、こういうものか」と（笑）。なにを言ってるのでしょうね。よく分かりませんが。まあ、そういう、神話とは関係ない父親とのやりとりも実はここにはあるんですが……。

私たちは醜いものに恐怖を抱き、逃走してしまう。それと同時に、精神病理学用語で言うならば神経症的な解決としての禊ぎが行われる。

心理的に考えますと、物語にはたいてい幻滅がある。美しい女の人が、あるいは豊かで次々とものを生み出してくれた日本の女神様、母神様が醜い面をさらけだして腐ってしまう。急激に幻滅させる。その時の見た側の心の痛みや苦しみが、見にくい、醜い、汚いという言葉で表現されている。

この困難をどう克服するか。これが臨床心理学的な課題、あるいは私の臨床心理学的・精神分析的な問題のありかです。

恐怖－逃走の解決を求めて

ここから、この物語をもった私たちに、どのような解決法がありうるのかを考えていきたいと思います。同時に、いま私たちはどのような解決を手に入れているのかを紹介していきます。題して「恐怖－逃走の解決を求めて」。

古い解決その一、**日常的なタブーにする。**神話は本当のことを描いている。歴史的事実を描いている。ここには私たちが見たものが描かれているのではないか。

多くのお母さんが出産して、それも過剰な出産をして、たいへんな出産をして死んでいった。多くのお母さんが死産と産死と隣り合わせでこの危険を迎えていた。そしてその存在を隔離したという私たちの歴史があります。その歴史的文化的起源として、産小屋や産屋があげられます。

産小屋は生理やお産の状態の女性が隔離された小屋のことで、各地にありました。大正時代まで使われていたという記録があります。これが現在ではなかなか見つけにくいんですが、京都府に大原の産屋[14]という有名なものがあります（写真15）。

14　大原の産屋　所在地は京都

そばには神社があるんですね。

ここの案内によると、かつてお産で汚れるから、つまり汚れているから、ということで隔離されたという心理学的にネガティヴな側面と、もうひとつには、この時期に、日頃の肉体労働から解放されるための場所として、そしてまた安産を願う場所として、こういう小屋が造られ位置づけられていたのだと報告されています。

私はこんなにきれいな状態で産屋が残っているのを見て、ほんとうに感動しました。もちろん、こういうきれいなものばかりじゃない。むしろ、こういうふうに観光地になっているものはまだよい取り扱いがされているのだと思います。多くが、汚れているといって、さらに暗い場所に隔離され、隠されたのでしょう。

インドからいらした精神分析家のジューマ・バサックさんは「インドにおける〈見るなの禁止〉」という研究[15]をなさっていますが、インドに、チャウパディ(Chhaupadi)という習俗[16]があるそうです。これも生理中の女性が汚いということで隔離される。こういった文化はアジアを中心にして世界中にありましたし、今もあります。現代のインドではチャウパディはこの時期に女性が病気になっても医者も近づけないということで、反医療的な慣習と考える人が増えてきているそうです。

府福知山市三和町大原。現在は京都府指定有形民俗文化財。近くには大原神社がある。

15

15　ジューマ・バサック（2007）「インドにおける精神分析の実践――政治文化的影響を受けながら」「精神分析研究」50, pp.87-96.
Jhuma Basak (2009), "A clinical perspective on the 'Prohibition of Don't Look' in Japan & India",「心理臨床学

このように、我が国では出産が日常的なタブーであった。そして、それは産屋というものを中心にして展開しているタブーであった。この話は非常に根深い。私たち人間の古い古い歴史に起源を持っているということでも根深いですし、深層心理学的にも個人の古い古い記憶に起源をもっている、非常に根深いものでありましょう。

「覗いてみたら動物だった」

そしてもうひとつの解決が「動物化（animalization）」です。それは「覗いてみたら動物だった」という物語的な発想です。私の小さいときはまだ言いましたよ、「あいつはキツネが憑いたんだ」とか「タヌキが憑いたんだ」とか、「あいつがこの世界から排除されるのは動物だったからだ」なんて。この発想は『古事記』にも記載されている。

産屋の母親を覗いてみたらワニなどの動物だった。これは『古事記』のなかの豊玉姫説話[17]です。『日本書紀』の話を表わしたと思われる貴重な北斎の絵があります（図版16）。ワニと神話で呼ばれているのは空想上の動物でしょう。ラコステとかでお馴染みのワニではなくて、空想上のとんでもない動物のことを指して

研究」27, pp.356-364.

16　チャウパディ　インドにある習俗で、主に生理中の女性を閉じこめておくための土牢。西ネパールに広くある。

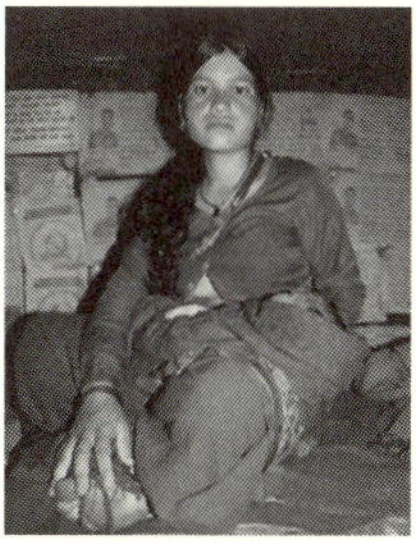

17　豊玉姫説話　豊玉姫は山幸彦（穂々出見尊《ほほでみのみこと》）と結婚し、鵜《う》葺《が》草《や》葺不合命《ふきあえずのみこと》を生む。『古事記』では、姫が御子を生むとき「決

いるのでしょう。ここには生まれてきたばかりの赤ん坊が描かれていますね、豊玉姫の赤ちゃんです。隔離されていた場所を夫が覗いてみたら、母親がワニになっていた。この場所は『古事記』のなかでも産屋のような位置づけで描かれています。私はこの絵をはじめて見たとき、本当はサディストであるべき龍が自分の姿を見られて恥ずかしそうにしている、その物悲しい目とともに実に哀れを誘われました。すごい絵ですね。

16　葛飾北斎「和漢絵本魁」

そして、このパターンは、〈見るなの禁止〉として昔話にも何度も出てきます。で、覗いてみたら鶴だったんです。画家は覗く方はわりと一生懸命描くんだけど、覗かれた鶴はなにをやってるんだかよく分からない。なんとなくぼけた感じなんです。私は「鶴の恩返し」の絵本を25点くらい集めましたけど、だいたいがわけが分からない、なにをやってるのか分からない鶴です。みなさんも絵本をのぞい

して覗いてはなりません」と堅く禁じたのに、山幸彦はついつい覗いてしまい、怒った姫は大ワニになって海神の国に帰ってしまう。

てみてください。

ただし、ここでお見せする三つ四つの絵は、核心的な、こうだっただろうと私が考える光景です。鶴が出血している、そして痛みに耐えている。こういう絵だろうと私は想っています（図版17）。この男は邪魔しないように、見られたらまずいというふうに覗いてます（図版18）。これが覗きの作法ですね（笑）。

そこで、なにが起こっていたのか。自分の羽根から布を織り上げている、つまり身体から生み出している。これは出産している鶴なのではないか、というのが

17 『つるのおんがえし』（太田大八・絵／岩崎京子・文，ミキハウス）より

18 『つるにょうぼう』（矢川澄子・再話／赤羽末吉・画，福音館書店）より

私の想像であります（図版20）。この絵がもっとはっきりしていると思います（図版21）、脚を広げて出産している鶴であろうと。

これはちょっとお見せするのが不適切かもしれませんが、こういう出産の光景だったのではないかということです（図版22）。この図は私が大学生のときの産科の教科書に載っていたものです。男はこの「血みどろ」の光景にびっくりしてるんじゃないか。出血がものすごくて死が伴いやすいものですから、これがタブーの対象になった。事実、出血死がたいへん多かったのではないかと思います。やはり、伊邪那美の姿はその事実を映す象徴ではないかと。

また、白鳥はこういう姿勢をとるようです（写真19）。これは白鳥を観察している人たちにはよく知られている姿勢だそうです。ですから、この姿が出産の図に見えた可能性は大きいと思う。そしてこの「置き換え[18]」の推理と解釈が精神分析的なんですね。

絵によって死に慣れる

もうひとつ、日本人が考えついた解決があります。それは**人が死んでいる、特に腐って死んでいくところに慣れる、**という方法です。

19

18　置き換え　自我の抑圧によって生まれる、意識可能な表象・対象・感覚（症状）への願望や葛藤を、別の表象・対象・感覚（症状）へと置き換える自我の無意識的防衛機制のひとつ。

20
『つるにょうぼう』
（高橋宏幸ぶん・え，
第一法規）より

21
『つるのおんがえし』
（作・宮田ひろ／絵・
太田大八，にっけ
ん教育出版）より

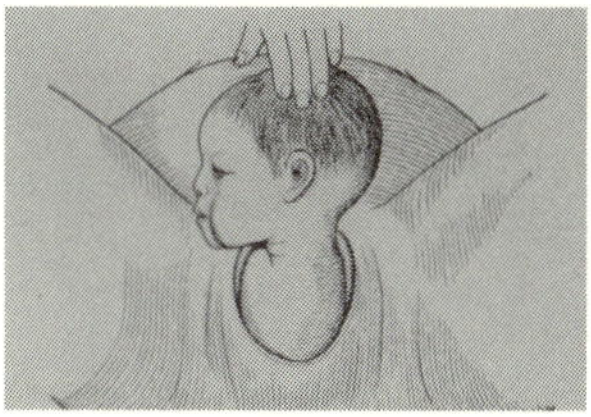

22
『八木産婦人科学 産科学編』
（八木日出雄・秋本若二，南
江堂，1965）より

代表例に「九相詩絵巻」[19]があります（図版23）。人が死んでから土に還るまでを、九つの姿の想念として思いを馳せる。九想観というのは、人々が人間の醜さというものに慣れる方法となっていたと言えるでしょう。この方法はどちらかというと行動療法[20]的なアプローチです。臨床心理学はちゃんとこういう発想も治療方法として位置づけていて、〈系統的脱感作〉、英語ではsystematic desensitization[21]と言います。慣れていくということです。これもひとつの有効な方法かもしれません。すくなくとも私たちは臨床家として、見にくいものを見てしまったことで傷ついた人たちや、その記憶によって苦しんでいる人たちになんらかの提案を行わねばならないので、このように方法論としてとり入れているのです。

物語の展開は変えられた

さらにもうひとつ。これが私の一番の推理なのですが、その飛躍のために、ひょっとしたらみなさんの反感を買うかもしれません。それは、**物語の頭に追加を行う**、という解決です。どういうことか。つまりあの後、与ひょうとつうはどうなったか、ということです。

これは「夕鶴」の劇作家、木下順二[22]、あるいはそのお仲間が言っておられたこ

19 「九相詩絵巻」 死体が朽ちていく様を九段階に分けて想像し、人間の不浄性を想うことで煩悩を断つ観法を九想観という。これを具体的に絵にしたものが九想図。九想詩といい詩や歌で詠まれることもあり、日本では空海の漢詩が有名。

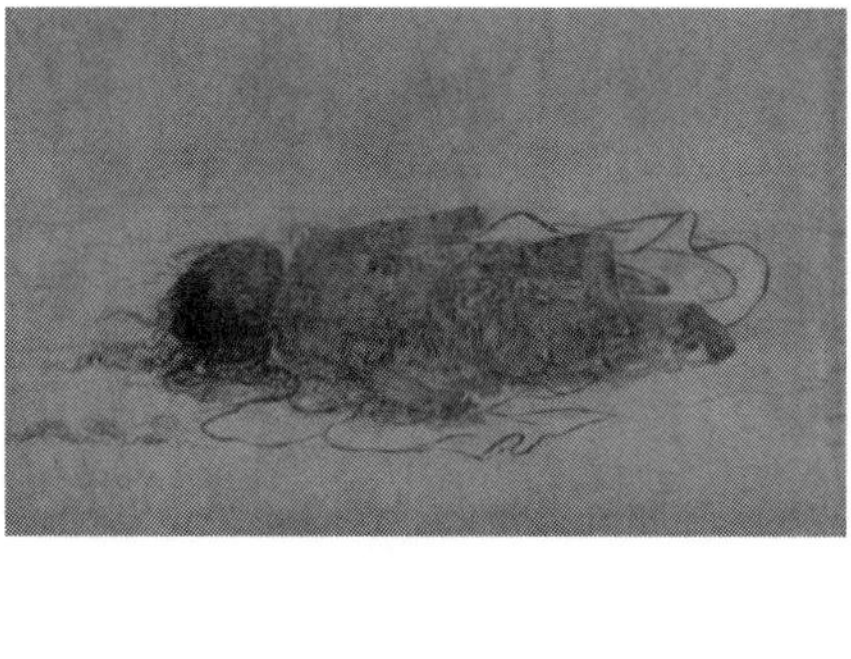

23

とだと思います。結局、傷ついたつうは隣りの山や町に出かけていって、そしてまた与ひょうみたいな男につかまって、同じことを繰り返してしまうだろう。与ひょうはまた似たような女を引きずり込んで、また同じようなことを繰り返してしまうだろう。これはある種の反復なのではないか。その反復を動機づけているところにこそ、私たちは目を向ける必要があるのではないか。

どういうことでしょうか。「夕鶴」では、愛する者を害していた、という罪悪感が最後のところで生まれるはずです。これはさきほどご紹介したメラニー・クラインの理論が示していたことでもあります。ところが、罪悪感を抱いた男性主人公で、謝った男は一人もいないんです。みなさんもご存じないですよね。与ひょうはただ茫然と傷ついた鶴を見送るだけ。そこに、ただひとつだけ大きな出来事が起こる。それは江戸時代あたりに行われたのだと私は推測するんですが、冒頭に「ああ、あれは昔助けた鶴だったんだ」という話を付け加えたのです。このことで話に大きな変化が起きた。

なぜならば、昔話研究によって、「浦島太郎」ではそういうことが言えることが分かっているからです[23]。「浦島太郎」も、私たちが知っているのは、助けた亀に連れられて、という話ですね。しかし、古い昔話では、亀は突然、向こうからやってくる、勝手にやってくるんです。押しかけ女房の話なんです。土居健郎先

20　行動療法　人間の行動は生理的・生得的・深層心理的側面よりも目に見える学習的側面が圧倒的に大きいことに着目し、問題行動を学習的側面から心理学的に理解・分析することで治療に取り組む療法。

21　系統的脱感作　主に不安や恐怖による神経症的障害に対する行動療法。患者の症状が出る場面や反応を分析し、それに応じた不安階層表を作成して弛緩訓練を行い治癒を目指す。

22　木下順二（1914―2006）　劇作家・演劇評論家。代表作の「夕鶴」は、女優の山本安英によるつうの舞台がロングラン上演された。

23　「浦島太郎」の物語で亀を助けた話が初めて出てくるのは、近世を過ぎてからのことで、『日本書紀』や浦島伝説を伝え

生がいう「甘え」[24]ですね。それが最後に罪悪感が生まれたので、最初のところで助けた物語にしようと、話が付け加えられた。それは日本人の因果律、つまりあらゆる物事に原因があるという発想と罪悪感が生み出したものだと私は推測するのです。[25]

これはもう徹底的に見極めようということで、今度は物語の頭で何が起きているかを集めはじめました。もうここまでくると、私の強迫観念ですね（笑）。

る『丹後国風土記』では、浦嶋子（浦島太郎）は「ひとり小舟に乗って釣りをしていました。しかし、三日三晩たっても魚は一匹もつれません。あきらめていた矢先のこと、浦嶋子は五色の亀を釣り上げました」というはじまりである。

24　土居健郎「甘え」理論　本書147頁の注42参照。

25　橋本雅之との共著『日本人の〈原罪〉』（講談社現代新書）に、物語と共に解説している。

日本人の物語は終わらない

ご存じのように、鶴に矢が刺さっているのを抜いてやるところから物語ははじまります。鶴は女性的な表象、母親的な表象です。それに矢が刺さっているのです。つまり、セックスをして出産して失敗したのが、罪悪感を避けるためにまた頭に戻ってやりなおされるという人間臭い発想で物語の加工的変化が起こったのではないか。

私はこの絵を見たときに少しびっくりしました（図版24）。鶴が射抜かれている。子どもたちがこういうものを見て成長している。こういったものを見せていいのかという議論もあるかもしれませんが、私はこういうものを見て子どもたちも考えるのだと思うんです。そして、残酷なものを考えたり思ったりしながら成長していくというのが、私たちの精神分析の乳幼児観でもあります。最近はこういうものを見せなくなってしまった。戦後、昔話を刊行している出版社が、こういったものを非常にやさしくしてしまいました。この「鶴の恩返し」のような残酷な場面のある昔話、「赤ずきんちゃん」にしても「カチカチ山」にしても、非常に甘いものになってしまった。むしろ〈見るなの禁止〉が強化されているのかもしれません。でも、私たちの鶴は、ずうっと傷ついて飛んでいるんじゃないか、そういうイメージを引き受けているのではないか。私は日本航空は昔のマークのほうがよかったと思うんですよ。

24『つるにょうぼう』（赤羽末吉・画）より

　だから、「夕鶴」のつうは、幕開けからそこにいるのです。そして途中から、「実は、私はあなたに助けられた鶴だったんだ」ということを回顧する。そのときの台詞が、「あんたはあたしの命を助けてくれた。なんの報いも望まないで、ただあたしをかわいそうに思って矢を抜いてくれた。それがほんとうに嬉しかったから、あたしはあなたのところに来たのよ。そしてあの布を織ってあげたら、あんたは子どものように喜んでくれた」。木下順二も「子ども」という言葉を使っていますけど、これはまさに母子関係ですね。眠る与ひょうに布をかけるところなんて、ほんとうに母親が子どもをあやしているような光景です。

そうやって助けられた鶴、そして介助を受ける鶴は、最後のところで傷ついて去っていく。そして、その去っていく鶴をまた次の物語の冒頭で助けてやる。そういうことを反復しつづける。この物語は永遠に終わらない。最初は最後の続きとなって、救助、結婚、幻滅、罪悪感、救助、結婚、幻滅……をただただ繰り返す。どこかの家みたいなんです（笑）。

25 『つるのおんがえし』
（絵・太田大八）より

だから、日本語でよく言うように、この話はすまないのです。すまない、すまないと言いながら、日本人は話が終わらない。私はこれはなんとなく、国際政治の舞台で、まだ謝ってない、まだ謝ってない、と言われ、謝ってないのかなと思って謝ってしまう、私たちの心性に迫ってくるものがあると思います。
はたしてこの話を終わらせる方法はあるのでしょうか。

潔いことの美化

もうひとつ。これは現代的な解決ですが、美化があります。こういったかたちで消えていく鶴たちを美化することです。最初、この話は蛇の女房だったのが、しだいに鶴になっていったという経緯があります。最初は蛇だとかワニだとか、恐ろしいものだったのが、だんだんだんだんきれいになっていった。そのことで、はかなく、潔く、美しく死ぬという伝説になり、美しく語られるようになっていく。

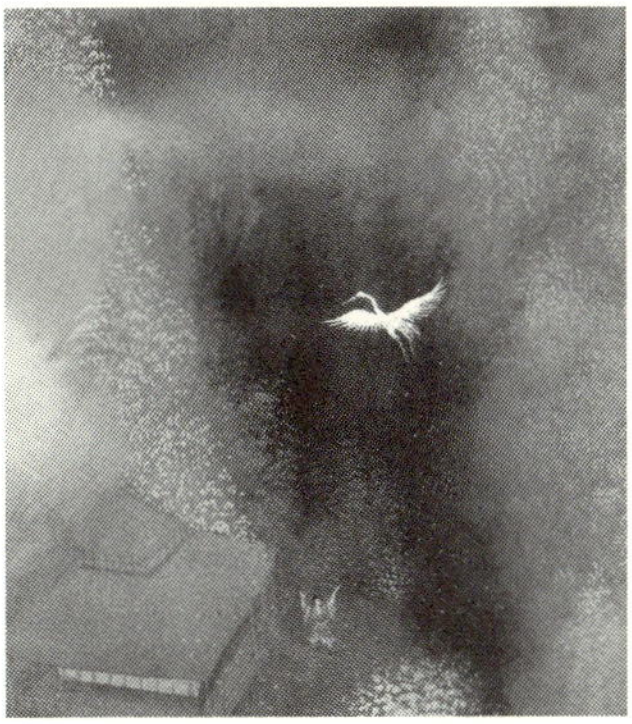

26　*The Crane Wife,* Illustrated by Gennady Spirin, Gulliver Books

また、この話はすべて別れ話で終わるのです。いわゆるハッピーエンドで終わる話がない。日本人はそれを美しく感じているようである。恥をかいているヒロイン、茫然と立ちつくす男。女性の主人公の恥と、はかなさ、美しさだけが際立つ。

ここで、女が被害者で男が加害者だというふうな単純化した受け取り方をしないでおきたい。これは女にもありうる男性的な傾向である。つまり、愛され、ゆえに傷つけて、最後はすまなかったですますことができず、すまない、すまないと言いながら同じことを繰り返してしまう。このことを私は日本人の男性的自我の傾向と呼んでいますが、自我はもともと男性的なのです。

こうなると、私たちはどうしてもこれに同一化してしまいます。つまり、こういうふうに死にたいと思うようになる。私が診てる患者さんにも、「私はつうのように死にたい、潔く死にたい」というようなことをすぐに言う方がいます。居座らないで、潔く死ぬことを美化する。あたかも、美しく死んだと語り伝えられるために。

そうなってきますと、誰も彼も、みんなはかなくどこかへ消えていくんですね。かぐや姫もそう、ほとんど天使のようになってしまうのです。居座ったつうは一人もいない。はかなく消えていくことこそが、みんなに愛される方法になる。まさに「立つ鳥跡を濁さず」という表現があるように、煙りのように消えていく、はかないことは美しい、みなぽっくり病を願い、そして、最後にみんなに迷惑をかけないで潔く散ることを願う（図版29－31）。

　ここでもうひとつ、姥捨て山伝説の小説版をご紹介しておきます。深沢七郎の『楢山節考』[26]では、老いて、雪が降るなか山に捨てられて死んでいくお婆ちゃんが、最後息子にこう言われます、「運がいいや、雪が降って、おばあやんはまあ、運がいいや、ふんとに雪が降ったなあ」。死者の醜い体を覆い隠したい、それが雪が降ったことで成就されると、運がよかったと言っているわけです。でも、雪は降りませんよ。ほとんどの場合、雪は降らない。雪が降ったように語るんです。日本人にとっては、これはハッピーエンドのようなんですね。ここでも、日本人の美学として、はかない、潔い対象との同一化が起こる。

　そして、夕鶴の子どもはまた夕鶴になる。なぜなら、「悪かった」「すまなかった」と思うわけですから、この罪悪感の償いとしての繰り返しが、また物語を再生させる。このように罪悪感に報いるために自己犠牲的に振舞う人のことを、私は〈自虐的世話役〉[27]と名づけて理論化しました。この概念についてはいくつも論文に書いていますので、興味をもたれた方は読んでみてください[28]。

　人の世話になりたくない。そして、人の世話になるくらいだったら死んでやるというふうに思って懸命に、日本のため、あるいは家族のため、そして自分の会社のために働き、それが立ちゆかなくなったら死んでいこうとする。そういった人が多い。そういった人はまた、家族や周囲の人に「すまなかった」という罪悪

26　深沢七郎『楢山節考』（中央公論社、1957）民間伝承の棄老伝説をモチーフにした小説。作中には深沢自作の「楢山節」が織り交ぜられ、歌が導き手となって物語が展開してゆく。

27　〈自虐的世話役〉masochistic caretaker　人が自分を傷つけたり病におちいってでも他者の世話をする心性で、過剰となる場合を著者が病理として臨床的に描き出した。代表例が母親の子どもに対する献身。「鶴の恩返し」のつうはその原型。

28　〈自虐的世話役〉を論じた文献に、『悲劇の発生論』『見るなの禁止』『心の消化と排出』『幻滅論』。

感を残してしまう。そうすると、罪悪感を感じている子どもは、また自虐的世話役になる。

このはかなさの美学。これはもう習俗ですね。日本人ははかない文化を楽しむ。消えていくものを楽しむ。二時間経ったら雪のうさぎは消えていく。点いて消えて点いてそして消えてゆく蛍を愛でる。短命であること、潔いことは美しい（図版27・28）。

このように私は日本文化と自己の分析をしてきました。私はほんとうにどうしようもないところに入りこんできています。ここが私たちの深層心理であり、みなさんの深いところにあるものでもあるでしょう。

さて、以上のようなどうしようもない物語に違う展開がありうるか。これから老人が増えて、私たち団塊の世代に対するプレッシャーが大きくなってくると思います。潔く死ぬ、あるいは、ガンだということが分かると、とにかく自殺を考えてしまうこの物語のどうしようもない反復。心の深層にこの物語があるから、この人生をそのように送ってしまうのだとしたら、これについてもう一度考えてみようではないか。改めようとか、変えようとか、それはなかなか難しい。でも、考えるきっかけを提供したいと思って、ここまで進んできました。

ここで日本人にもひとつ有名なハッピーエンドの物語があることを示しておき

27 磯田湖龍斎「雪の朝図」

28 栄松斎長喜「蛍狩」

29
英語版「鶴女房」より

30 『ゆきおんな』
(画・箕田源二郎，童心社) より

31
『てんにんのはごろも』
(絵・朝倉 摂，岩崎書店) より

〈日本の去ってゆく女性主人公たち〉

たい。傷ついた動物を受容する英雄が一人いるんですね。それは大国主という、「因幡の白兎（素兎）」に出てくる神様です。[29] 傷ついた動物の傷口をどのようにして癒すのかを教えてやる。けっして赤肌ということで兎をいじめたり、傷ついていて見難いからといって毛嫌いしたりはしない。この人は日本最初のメディシンマンといわれていて、医療者の元祖みたいな存在です。傷ついた状態で現われる兎を、大国主は受容して物語もハッピーエンドになる。これはたしかに治療的で建設的ですね。傷ついた動物を受容する男性主人公は、今までには出てこなかったキャラクターです。

異類婚姻説話

それでは視点を変えて、他の国々ではどうなのか、どのような発想をしているのかをすこし見ていきたいと思います。

西洋的な解決法として、西洋の異類婚姻説話の終わり方を見てみましょう。異類婚姻説話は世界中にあるお話です。動物などの異類が、人間となって現われ、正体がばれて去るという物語と、あるいは去らないでハッピーエンドになる物語があります。動物が嫁になって現われるというのは、世界中の大人たち、子ども

29 「因幡の白兎」 出雲神話のひとつ。『古事記』では「白兎」は「素兎」と書かれている。淤岐島（おきのしま、所在不明）から因幡国に渡るため、兎が海の上に並んだワニの背を欺き渡ったが、最後にワニに着物を剥ぎ取られ、八十神（やそがみ）の教えに従って潮に浴し風に吹かれたために身の皮が裂け、苦しんでいるのを大穴牟遅神《おおなむちのかみ》（大国主神）が救うという話である。

『いなばのしろうさぎ』（絵・赤羽末吉、あかね書房）より

たちの空想の産物のようです。これは人類が共有している発想と考えていいと思いますが、ただ、その終わり方が文化によって違う。これが面白いところなんですね。

いまや「鶴の恩返し」を読み聞かせるよりも、ディズニーの「美女と野獣」を見せるほうが、日本の母親にも好まれてきているようです。あちらのほうが可愛らしいしハッピーですよね。「美女と野獣」は、1740年にフランスの小説家ヴィルヌーヴ夫人によって最初に著わされた物語ですが、現在よく知られているのはそれを短縮したボーモン夫人版です。[30]

「かえるの王様」[31]も、王女がかえるを投げつけたら、かえるがなんと王子様になる。私の記憶にある別のバージョンでは、上のお姉ちゃんふたりは「あんなところに行ったってろくでもないことになる」と言ってるのを、末娘が「かえるさんが発熱して病気になったから、行かなくちゃ」と駆けつけてみたら王子様になったんです。だからこのケースでは、罪悪感は動物を人間に変えるんですね。

私は少年の頃これを読んだときに、その展開についてゆけず「嘘やん」と思ったんですけど、これは愛の奇跡なんです。愛があれば動物を人間に変えることができる。でも、日本の話は最後まで鶴は鶴、猿は猿、蛇は蛇。

さらにもうひとつ、これらの物語では、日本の場合と性別が入れ替わっている

30　「美女と野獣」　元はフランスに古くから伝わる口承民話で、多数の類話がある。それを元に1740年に小説家のガブリエル＝スザンヌ・ド・ヴィルヌーヴ夫人が再話し、さらに童話作家のルプランス・ド・ボーモン夫人によって描き直された。この版が1758年に出版されたボーモン夫人の著書『子供文庫』に収められ、広く親しまれるようになった。

Walter Crane (1874)

ことにお気づきでしょう。外国のお話は女の子が男性の動物性を受容するという話になっている。でも、日本は男が女性の動物性を拒否しているのです。

しかし日本にも、女性が主人公で動物の猿が求婚者になる話[32]があります。でも、これが残酷な話なんです。この娘、結婚の約束をした時にもうすでに猿の殺害を計画していて、これから旅立とうというときに猿の背中に臼を背負わせて、桜の枝を取ってくれと言う。そのとき下には川が流れていて、枝が折れて川にはまってしまって、猿はサヨナラ、死んでしまうんです。最後に大喜びで戻ってきた娘は、親父と一緒に手に手をとって喜んだという話です。

一方、「かえるの王様」のうちの親父さんは、「お前、相手がかえるだからといって、約束したことは守らなければいけない」とかって言うんですね。なんか、父親の違いというのもあるんです。そうすると、ますます僕ら男は反省しなくちゃいけないということになるんですが（笑）。

でも、ここで、それらはキリスト教圏のお話であることを指摘したい。つまり、愛の奇跡を可能にするには、それを信じることのできる文化が必要なのです。そのひとつの装置としてキリスト教がある。私が〈見るなの禁止〉をアメリカで報告したときに、夕鶴はキリストではないか、と示唆してくれた外国の精神分析家がいました。たしかに、そうなんです。キリストはかつて鳥だったという説が可

31 「かえるの王様」泉に金の鞠を落としてしまった王女が、「お友だちにしてあげる」という交換条件でかえるに鞠を拾って来させる。しかし、王女は鞠を取り返すと約束を破ってすぐに立ち去ってしまう。かえるは王女のお城の寝室までおしかける。王女がかえるを壁に投げつけると、かえるは王様に変わり、王女に求婚する。

Walter Crane（1874）

32 「猿聟入（さるむこいり）」日照りから村を救った猿男がその対価に「村の娘を嫁にほしい」と要求する。長者の三人娘の末娘の輿入れが決まるが、父親は嫁入り道具に扇子と臼を用

能かもしれません。

この絵を見てください（図版32）。〈Pelican giving blood to chicks recalls Jesus' own sacrifice〉と書かれています。たしかにキリストもつうと同じようなことを反復している。というか、あれは一回かな。助けにきてくれて、人間のために死んで去っていく。その自己犠牲がこの絵のペリカンによって表わされています。ペリカンは自分の血を混ぜてエサにして、ひな鳥たちに与えるという伝説があります。フラミンゴの羽根がピンク色なのは、血を混ぜて与えるからだと言われるような話と重なるように思いますが、実はキリストももともと鳥だったのだという説がある。

Pelican giving blood to chicks recalls Jesus' own sacrifice

32　The World's Great Religions. Time Incorporated: New York (1957)

そうやって眺めてみると——ここでまた北山修的冒険がはじまりますよ——夕鶴はキリストだったんだ！（写真33）キリスト教徒に言わせれば、たまたまキリストが日本に行ったときに、夕鶴のつうと勘違いされたんだと。木下順二の舞台の演出を眺めてみると、たしかに似ている。これはリオ・デ・ジャネイロのキリスト像ですけど、空飛ん

意する。嫁入りの道中、娘は故意に扇子を川に落とし、猿に拾わせ、臼を担いでいた猿を川の中に沈める。

33　リオ・デ・ジャネイロのキリスト像（上）と木下順二作「夕鶴」（下）／『夕鶴――写真で読む』撮影・薗部澄（形成社，1983）より

でます。たしかに、たしかにですね（笑）。キリストは、He died for us、彼は我々のために死んだ。つぅは、She died for us、彼女は我々のために死んだので、性別は違うけれど、原点的には同じではないか。これは、どちらが古いとか、どちらが本家だとかといって争っても仕方がない。なるほど、なるほど、これは面白い地平に到達しました。

実は、一部の対象関係理論では、原初の親は性別は問わない。日本の親、御祖《みおや》というのは、お父さんでもありお母さんでもある、と考えます。だから、お父さんの心理学とか、お母さんの心理学とか、お母さんに対する罪悪感とか、お父さんに対する罪悪感というよりも、これは親に対する罪悪感である、とも理解できるのです。

伊邪那岐、つまり男性的自我は何から逃げているのか。それは死んだ親に対する罪悪感ではないか。心理的な罪を物質のように扱い、禊ぎ、祓い、浄め処理しようとしている。これが私たちの傾向としてある。それを一般化した装置が風習となってあちこちで見られる、塩をまいたり、水で浄めたりするという文化となっているのでありましょう。

生き残ること

さて、もうひとつの解決。これは私が英国の対象関係理論で学んだひとつの大きな、治療的な、それゆえ治療者自身がやらねばならないことです。それは、**生き残ること**。このことは、小児科医であり、精神分析家であったウィニコット[33]という人が言っています。あえていうなら、物語で居座ること。つうが居座れば、つうが生き残れば、与ひょうは変わる。あるいは、物語は変わる、という展開で

33　ウィニコット　本書66頁の注39参照。

す。

実は、生き残る母親、去っていかない母親が、共に戦う男の子と一緒に登場したことがあります。それは『龍《たつ》の子太郎』[34]という物語です。龍の母親は最後は人間に戻ります。日本ではじめて人間になる、人間に戻る龍が登場しました。

34 『龍の子太郎』より

これは田代三善の挿絵です（図版34）。母親である龍が目の球を差し出すところが描かれています。ひとつ、ここで重要なのは、「蛇女房」[35]のあるバージョンでは子どもは母親が差し出した目をペロペロ舐めて育つようなのですね。これを私は英語で「ミルキング・アイボールズ（milking eyeballs）」、つまり「ミルクを分泌する眼球」と訳したら、外国の人はこのくり抜くところでものすごい血みどろの目玉を想像するようなんですね。ほとんどホラームービーみたいなのをイメージして、日本人はやっぱり残酷だという話になるんです（笑）。

その場面が描かれている珍しい絵です。龍のお母さんが眼を二個差し出しています。これは乳房の

34 『龍の子太郎』（講談社、1960） 日本各地に伝わる民話を採取し、なかでも信州に伝わる小泉小太郎の伝説を元に翻案した、童話作家松谷みよ子による文学作品。おばあさんに育てられていたのんきでなまけんぼうの龍の子太郎は、ある日おばあさんから「母親は水難に遭って龍になってしまった」と聞かされる。泉でさらわれた友だちのあやを救った後、母親をたずねる旅に出た龍の子太郎は、鬼や天狗や雷神と遭遇し戦いながら、ついに龍の姿の母親と出会う。その後、母と子が協力して村人のために肥沃な土地を開墾すると、母親は人間に戻る。

象徴、母性の象徴ですね。目に入れても痛くないというような、その母性の深さをあらわしているのでしょう。この本は1960年に刊行されました。60年代になってはじめて、この物語にハッピーエンドが描かれるようになったというわけです。最後に母親が龍から人間に戻るんです。このバージョンは結構読まれています。これを読んで成長された方、これ読んでよかったですね。お母さんがとうとう人間になりました。

ですから、居座る夕鶴の可能性。蛇のまま、鶴のまま、かえるのまま生き残り、潔く去っていかないこと。と言えば、どこの家にもいるみたいな感じになってきますね（笑）。去っていかないつうが与ひょうを変える。そういうことです。

ここで、与ひょうが先に変わることはないのか。これが母子関係であれば、やはりお母さんが変わらなければ子どもは変わらないかもしれない。でも、男と女のことを考えれば、男が変われば女も変わるという面は当然あるでしょう。物語をハッピーエンドにする可能性がここにある。

それで、次の絵です（図版35）。この絵のことは九大の南博文先生から教えてもらいました。芥川沙織[36]さんという人が描いた死んだ伊邪那美の絵です。伊邪那美が土の中で土に還っていくところが描かれています。だんだんだんだん土の肥やしになって、そして左の端の葡萄や桃になっていくところです。

35　「蛇女房」昔、男に救われた蛇が美しい人間の女になって現われ男と結婚し、子までなすが、正体を見られて大蛇に戻った女は泣く泣く山の沼に帰ってゆく。そのとき子どもが泣いたら乳がわりにこれをしゃぶらせなさい、と自分の目玉をくりぬいて渡す。日数が経つうち目玉は減って、ついにはなくなり、子どもが泣くので男は子どもを背負って沼へ出かけてゆく。悲しそうな様子をした大蛇は、もうひとつの目玉も与え、こうして蛇は両目を失ってしまう。

36　芥川沙織（1924―66）　大胆な色づかいとテーマ性の強い油彩・染色絵画を描きつづけた。「女」シリーズや日本の神話に着想を得た「神話」「民話」シリーズがある。妊娠中毒症により42歳でこの世を去った。

つまり、生き残るというのはこういうことだろう。私たちは去っていくと同時に去っていかない、と言えるのはこういうことであり、時間が経てば自然に次の世代になにかを残すことができるかもしれない可能性を示唆している。見事な展開だと思います。これは1957年の作品です。

そして、私はここで治療的に学ぶことがあります。慌てず、時間をかければ、やがてなにかが生まれるということです。多くの患者たちが、美しいものの二面性、醜い姿、汚いものを直視したときに慌てて、なんとかしなくちゃいけない、時間がない、と悲劇的に去っていこうとする。消えていこうとする。見られた側も慌ててしまっているから、なんともできない。でも、芥川さんの絵が示しているように、時間をかければやがてなにかになる。私たちの治療的な営みというのは、この時間と空間を提供する、このためのものだと思うのです。

私はこのように、精神分析的に理解することで、罪悪感についてだけではなく、それまで考えられなかったことについて考えることができるようになりました。このように分析的な営みを経て、私たちが恐れて、逃げまわっていたものについて笑って考えることができるようになる。笑うわけにはいかないことがたくさん含まれていますが、笑わずにはいられない面もありました。私は、これはある意味で治療的な達成だと思います。これは digest という動詞であらわすことができ

35　芥川沙織《古事記より》（部分）1957 世田谷美術館所蔵

るような心の働きではないでしょうか。消化する、こなす、理解すること。[37]

〈私〉がいるとき

私は今日の講義を「〈私〉の精神分析」と名づけました。この〈私〉とはなんなのか。

私は、この「悪かったな」と噛みしめているときに〈私〉がいるという感じがするんです。つまり、このすまないことから逃げまわっているときには〈私〉はいない。でも、「悪い」と噛みしめている、割りきれない、心の中を騒がせたり、共同体を騒がせたりして、お騒がせして「すいません」というときの、済んでない感じ、それが時間が経つと澱のように沈澱していくものを、ゆっくりそこに置いて抱える、そのときに〈私〉がいると感じる。「すまない」というのは未消化、なにか引っかかる、という意味でもあり、それが「すむ」には時間がかかる。

私も、多くの精神分析家が考えたように、精神分析は患者の罪悪感を「ここだけの罪悪感」「ここだけの話」として取り扱って、噛みしめることができるようにするための時間や空間を提供するのが治療の大きな眼目になっていると思うのです。

37　北山修『心の消化と排出——文字通りの体験が比喩になる過程』（創元社、１９８８）などを参照。

中空構造理論、「甘え」理論との比較

さて、以上、私の35年ぐらいの旅の報告を終わります。ここからすこし先達との比較をやっておかねばなりません。

まず、河合隼雄先生の中空構造理論[38]との比較です。実は河合先生と私は同じ素材をまったく同じ時代に取り扱っているのです。ここにいるみなさんのなかにも河合先生の昔話の分析を読まれた方がいらっしゃると思います。その『昔話と日本人の心[39]』の冒頭に「うぐいすの里[40]」という物語が出てきます。「うぐいすの里」では、また同じように、ダメだというのに男性主人公がうぐいすの秘密の領域に入っていって、卵を手に取って落としてしまう。この男性主人公、またですよ、またやってるぜ（笑）。ほんとにみんな、まともに振舞えない。そこで事故を起こしてしまい、うぐいすは去っていってしまう。

この展開について、河合先生は、「nothing has happened」、「何も起こっていない」と言っています。話が元に戻るところがすごく大事なんだ、そこに日本人のクリエイティヴィティがあると。

よく分かります。河合先生の本を読んでいると、『明恵 夢を生きる[41]』でもそう

38　河合隼雄「中空構造理論」日本の神話は、真ん中が空の構造をもっているという洞察が生んだ理論。この中心の空性を守るように、神話体系の全体のバランスが保たれているとする。『古事記』の冒頭に登場する三神、タカミムスヒ・アメノミナカヌシ・カミムスヒにおけるアメノミナカヌシ、イザナキとイザナミの結婚から生まれる三貴子、アマテラス・ツクヨミ・スサノヲのツクヨミは、神話体系のなかで存在としては中心にありながら、無為の存在として描かれている。「これを筆者は『古事記』における中空性と呼び、日本神話の構造の最も基本的事実であると考えるのである。

ですが、聖なるものと俗なるもの、男と女、善と悪、あるいは上と下、純粋と不純、こういった対極にあるものの、その真ん中で生きていくことが論じられている。それは生きていく達成としての、何もない、空である、と。私たちが修練や修行をしつづけ、最後に到達できる感覚としての空である、自我の真ん中が何もない。この感じが、日本人の成熟には求められているのであると。それに対応するようにして、日本の組織では、偉い人たちは何もしないことがとても大事なんだというふうにも述べられています。

しかし、私は、精神分析はこれとまったく逆のことを考えていると思います。私は、〈私〉がその醜いものの苦痛から逃げまわっているから空になる、自我が不在になってしまうと考えます。それは亡霊からの逃避であると。

その時、しっかり自我は機能していて、中空ではない。その真ん中に何があるのかというと、覗きこみたい欲望と、罪悪感（すまない）がある、というのが私の考えです。

成熟したものの純粋な境地、修練の結果としての純化された無、空の境地というのはよく分かる。でも、凡百の自我は中に不純なものをいっぱい抱え込んで生きている。それを隠しているのが私たちの自我ではないか。だから私の考えは中空構造理論とは対立していると思います。河合先生とは結局、こういう対決をお

日本神話の中心は、空であり無である。このことは、それ以後発展してきた日本人の思想、宗教、社会構造などのプロトタイプとなっていると考えられる」（『中空構造日本の深層』）

39　河合隼雄『昔話と日本人の心』（岩波書店、1982）

40　「うぐいすの里」若い樵夫が森で立派な館を見つけ、泊めてもらう。美しい女主人が男をもてなし、「出かけるが、つぎの座敷を覗いてくれるな」と言って男に留守を頼む。遂に男は禁を犯して座敷を覗く。そこには素晴らしい丁度をそろえた座敷が続いていたが、七番目の部屋まで来て、男はそこにあった三つの卵を手に取りあやまって落としてしまう。帰ってきた女はさめざめと泣きながら、うぐいすとなって消え去ってゆく。日本の民話で、さまざまな類話が日本全国にある。

41　河合隼雄『明恵　夢を生き

互い避けていたようなところがあったのかもしれませんし、最後まで対決できませんでしたが。一緒に歌を歌ったことはあるんですが（笑）。やはり避けていたのでしょうね。

そして、土居健郎先生の「甘え」[42]との違い。〈見るなの禁止〉の物語では、対象はおしかけ女房として現われる。受身的対象愛[43]であります。子どものように待っていれば、向こうのほうから現われる。女は勝手にやってくる。そこが甘えである。たしかにそうです。

しかし、その背後にある動物性や傷つき、あるいは死、そういった汚いものから目を覆うのは、私は受身的対象愛ではないと思う。積極的排除がそこにはある。自我の抑圧の機能、あるいは排除の機能がちゃんと機能している。だから、甘えにすべて還元できないだろうと私は考えます。

もちろん、育児ではその甘えに応えて、醜いものを赤ん坊におしつけない、汚いものは母親が処理するという役割があるけれど、やがて子どもの成長にともなって脱献身を行い、母親は子ども自身にそれを引き受けさせなければいけない、直視させなければいけない。それが甘えでもって終始するとしたら、成長した子どもはそれを見ること、取り扱うことに失敗するだろう。だから、甘やかしすぎがこの物語には描かれている可能性がある。でも、最後のところで突然、見せて

る』（京都松柏社発行、1987／講談社プラスアルファ文庫、1995）

42　土居健郎「甘え」理論　著書『甘えの構造』（弘文堂、1971）で土居は、「甘える」という日本語表現に着目し、臨床言語論とそれを踏まえた精神分析理論を展開した。「甘え」とは、まわりの人に受容され依存したいという、日本人と日本社会を超える、普遍的で原初的な愛の心理である。

43　受身的対象愛　精神分析のなかでも、自我と対象の関係を主題とする対象関係的な思考によって、M・バリントが発展させた愛の概念。もっとも原初的な心においても対象関係と対象愛が存在するとして、乳児が母親から乳房を差し出されたとき受ける愛のような原初性と関係性から生まれる愛を示した。

しまう。

私が思うに、蛇女房は、二個目の眼球を与えるところで断るべきだったんですね。夕鶴の物語でもそうです、一反目はまだいい。でも、二反織るから飛べなくなる。だから、一反目で断らなければいけない。年老いたみなさん、もう遅いですかね。こんなふうになってしまいましたというようなことで（笑）。

ですから、そのような甘えと脱甘えが必要であろうと思います。土居先生の「甘え」理論をうけて、あるいは育児論、あるいは母子関係論として、私は〈見るなの禁止〉の経験、醜いものとの出会いを考えない甘え論というのはありえないだろうと考えています。

日本のさまざまな〈私〉

ここまでの話もそうですが、精神医学は自我について考える学問です。今日の講義のタイトルも「〈私〉の精神分析」であります。

〈私〉の語源について、多くの論者が、いろいろなことを書いています。『日本国語大辞典』には9つの〈私〉の語源があがっていて、そのうちの3つが〈私〉の隠す機能を強調しています。「我がために隠し」「わたかくし」、私を曲げて隠している、ということです。

私がすごく好きな説明は、「〈私〉《わたくし》は、世を渡る者が互いに非を隠していることから来る」というもの。〈私〉というのは、橋渡しの「渡し」に通じると思うからです。世を渡っていく、あるいは善と悪の間をとりもって渡していく、あるいは心と体の間を生きていく、あるいは時間を超えていく、あるいは空間としての旅をすることも当然ある。何かと何かを「渡す」というのが〈私〉の機能の代表的なものだと思うのです。

〈私〉のもうひとつの機能として、隠す機能があります。何を私たちは隠しているのか。それは〈私〉の中にある非、罪悪感、あるいは欲望、不安。これを隠しているのだと。そして、それが露呈した時に私たちは慌てて去ろうとするが、それを置いておく、あるいは抱えておくための〈私〉がいる。

日本語には美しい表現があります。包容力という言葉です。包んで容れておく力、育みを援助していく力。そのためには私たち精神分析家の機能として、W・ビオンが「コンテイン」[44]という言葉で指摘したように、これら醜いもの、汚いものを容れて嚙み砕いて、みなさんに受け入れやすいようにして提供することが重要です。このコンテインを「包容する」と訳しておられる方々がいるのは当然でしょう。

44　ビオン「コンテイン」本書87頁の注45参照。

こういうようなことをずうっと30年間言ってきました。九大に来て20年になります。で、この前、大学院生たちが私の頭の中というのを描いてくれたんですよ(図版36)。もう、私の頭の中は罪でいっぱい(笑)。罪意識いっぱいいっぱいで生きてる。どうも、私の周辺には、けっこうこういうタイプが多いみたいなので、「クラブ罪」なんていうのをやろうかと思ったくらいです(笑)。でも、頭の中に置いて、20年間こんなふうに旅をしてきたけれども、こんなふうな報告ができるようになりました。私は楽になりました。

たしかに、私自身が若いときに書いたものを読んだり、ディスクジョッキーのテープを聞くと、「すみませーん」という感じの青年だったんです。人前に出る私はすごく罪悪感が強かったと思います。でも、それをこうやって噛み砕いて、分析して取り組んで、ようやくここでこんなふうに話ができるところまで来ました。やっぱり、置いておいたら何か生まれる。逃げないでよかったなと思うんです。

これが私の自己分析で、私だけ楽になって、みなさんはいらんものを受け取ったみたいな話でしょうかね(笑)。これ、置いておきますから、あとはよろしくお願いします(笑)。

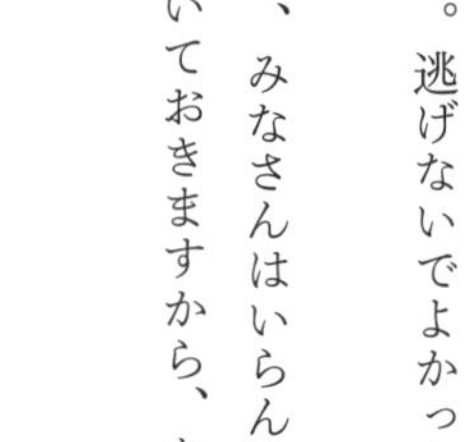

36

〈私〉を支える環境

そしてもうひとつ、私が学んだものがあります。それは、さきほども出てきたウィニコットから教わったことです。彼らは対象を求める子どもの心と、それに応える対象としての母親というものに着目し、描き出しました。まず対象としての母親の機能が大事である。おっぱいを差し出したり、欲求不満に応えたりしなくてはいけないから、いいお母さんだったり、悪いお母さんだったりするんですが、同時に、環境としての母親はそのアンビバレンツを経験している子どもの自我を支えていく。これは精神分析にとどまらずあらゆる精神療法に共通する治療者の機能も同じであると私は思います。

患者のアンビバレントな思いの対象になりながら、それを経験し生きながら、世の中を渡っている患者の〈私〉の自我ニード[45]を環境として支える。これに対してイドニードという概念では、イド（エス）[46]は「欲しい欲しい、いらない」という欲求不満と欲求の充足を求めるものですから、アンビバレントな関係が展開されます。しかしながら、それを嚙みしめている自我の支えになることが私たちの重要な機能だと思うのです。これはまさに子どもに対する親の機能のひとつであ

45　ニード　人間が対象に求める原初的な欲求のこと。乳児が身振りや声によって母親に対してあらわすような欲求。

46　イド（エス）　フロイトの心的装置モデルの三つの審級（自我、超自我、エス）の一つ。

りましょう。

これに関する先行研究として、フェアバーン[47]という精神分析家も紹介しないわけにはいきません。フェアバーンは、対象は良い対象と悪い対象として捉えられると言っています（図37）。フェアバーンは対象関係のなかで悪い対象として描き出したのは、エキサイティング（興奮させる、惹きつけられる）でリジェクティング（拒んでいる）な、両面的なもの。しかし、良い対象においては、空気のように平穏で平凡で、ほどよい環境として子どもを支えていく、関係を支えていく、自我支持の機能であると言っていいと思います。

これは私的なフェアバーン理解ですが、治療者には三つの役割がある。それはクライアントに愛されること、あるいは求められること。もうひとつはクライアントに嫌われること、あるいは憎まれたり不満を述べられたりすること。そしてもうひとつは、それを経験しているクライアントの自我を支えること。この三つは精神分析を超えた、多くの精神療法に共通する非特異的な要素[48]だと思います。だから、今日お話しした、生き残り、物語を変えるつうのように、良いと悪いをなんとか渡そうとしている〈私〉のアンビバレントな対象となり、〈私〉が時間や空間を渡り行くのを支える。これが〈私〉の橋渡し機能です。私という治療者は患者に求められていると同時に憎まれる。親というのはそういうものです。

人格の無意識的な本能欲動（性欲動と攻撃欲動）の貯蔵庫。

47　W・R・D・フェアバーン（1889―1964）　イギリス、エジンバラの精神分析医。クライン理論を基礎にしながらも、伝統的な精神分析が本能的な視点を理論的な基礎としていることを批判して、精神分析の対象関係論を発展させた。

48　非特異的な要素（non-specific factor）　多くの治療に共通する要素。一貫性や暖かさなどが挙げられる。

だから、セラピストは、矛盾、二重性、不純を引き受けて、なかなか去っていかない。でも、去っていきますけどね、今日ようやく。これ以上いると、「出て行けえ」と言われそう（笑）。

原点となったはじめての患者

そして最後に、私の最初のクライアントの症例報告を少し脚色し語り直して終わりたいと思います。この症例を「季刊精神療法」というジャーナルに発表したとき[49]、どこの国の症例かは示しませんでした。これは英国で診た私の患者さんです。

30歳の有能な女性秘書です。主訴は抑鬱で、面接でも自分のことをバカだバカだと言って責める自責の念が強かった。顔を上げては「バカっ」という感じでおっしゃっていました。頭の中にバカな考えが浮かぶんですと。この治療は英語で行われたんですが、私のほうが英語についていけなくて、よっぽどバカだなあと思ったんだけど、クライアントのほうが「バカです、私は」という感じで卑下していた。最初はほとんど口が開けない状態でした。私は、こういう方が英国にもいらっしゃるんだ、国や文化とは関わりなく、みんなやっぱり弱くて傷ついてい

49　初出は、「同性愛的な強迫観念をもった女性症例」、「季刊精神療法」第6巻2号、1980、154―162頁。また同

CE＝Central Ego＝中心自我
IS＝Internal Saboteur＝内的破壊工作員（反リビドー自我）
LE＝Libidinal Ego＝リビドー自我
RO＝Rejecting Object＝拒絶的対象
EO＝Exciting Object＝刺激的対象
Cs＝Conscious＝意識
Pcs＝Preconscious＝前意識
Ucs＝Unconsious＝無意識
→…Aggression＝攻撃心
＝…Libido＝リビドー

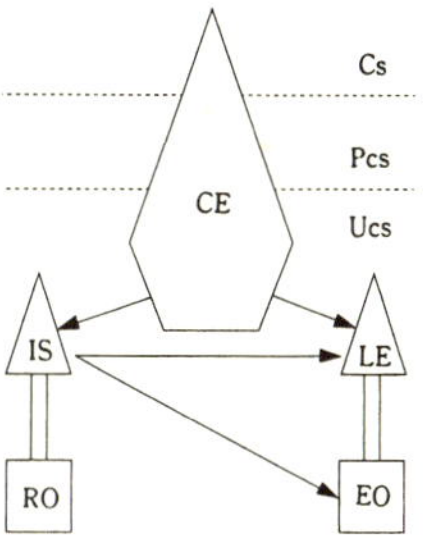

37

て、このように発病するということに、ある種の感銘を受けていました。

そして面談が進んでくると、幼い頃、学芸会でお遊戯を行うという時に、お母さんがドレスを作ってくれたという話をされるようになりました。お母さんが、ドレスを一晩かけて縫いあげるんです。イギリスにもこういうお母さんがいる、当たり前なんですけどね。

歌はそうですよね、「かあさんが夜なべする」んです。このような人に「夕鶴症候群」と名前をつけるとしたら、パートタイム夕鶴とフルタイム夕鶴というか、夕鶴のふりをしているのと、ほんとうの夕鶴がいます。ほんとうに病気の夕鶴は夜中眠れないんですね、夜眠れるのは夕鶴じゃないですよ。だから、「私も夕鶴みたいなところがある」って言いながら、夜ガーガー寝てたら夕鶴じゃない(笑)。

ところが、この人のお母さんは、心臓病があるにもかかわらず徹夜して、夜なべして、結果的に倒れてしまった。それで、それ以来、母親に対してとんでもないことをしたんじゃないか、するんじゃないか、という不安が患者に生まれた。びくびくおどおどした性格になったとおっしゃっていました。このような話を、私は長い間ずっと聞いていました。

その後、数年経って、このお母さんは実際に心臓病で死亡します。患者はこれを最初は認められませんでした。「私がお母さんを殺したわけじゃない」とか、

様の内容が『増補　悲劇の発生論』に収録されている。

「私が鬱病になったのはお母さんのせいじゃない」とか、もう一生懸命、私たちの治療に抵抗するんですが、それを気にしていることは明らかです。周囲からも「お前があんなことを頼んだから病気になった、だからこんなふうになった」と言われたと言うんですが、それは本人の思い込みの面も強かっただろうと思います。

ほんとうに、母親の心臓病の責任はドレスを作らせたことにあったのだろうか。それはあなたの空想であって、お母さんはその前からずっと病気だったし、よく聞いてみると、その前から倒れている。だから、あなたが作らせてお母さんを殺したから、こういうふうになったわけではなくて、あなたの中にお母さんを殺したという空想がある。それでお母さんが病気になって倒れたということが、すごく怖くなってしまった。実際のところ、お母さんが病気になる前からその空想、「お母さんが病気になるんじゃないか」「殺してしまうんじゃないか」「でも、そんな弱いお母さんは腹が立つ」などの怒りや欲求不満も含んだ空想があったんじゃないか。このように、この事件がもたらす象徴的な意味について時間をかけて考えていくことがこの治療での大事な作業となりました。

しかしながら、彼女の治療抵抗は続きました。そんなことを考えるだけで患者は、母親に対していけないことや悪いことをしているように感じる。だから、今でも同じことが起きるように感じる。つまり、こんなことをするとお母さんが悲しむ。こんなふうに「お母さんのことが問題だった」「お母さんは病気だった」ということを不満げに言うと、なにか悪いことをしてるように感じる。その罪悪感のためにこれについて考えることはイヤだ、嫌いだ、できない。これが〈見るなの禁止〉です。

本人もだいたい何が起こったのか分かっている。でも、それについて言うことや考えること、つまり見ることを禁止してしまっている。お母さんが禁止しているかのように語るのだけれど、それはあなたが自分で自分のことを禁止している。こういうふうに、「あなたは今でもお母さんを殺すことや怒らせることを考える、つまりお母さんはあなたの中で生きてるんですね」というようなことを考えることを通して治療抵抗の理由を理解する。やがて患者は、「人に依存するとお母さんに大変なことが起きる」という空想について考えられるようになっていきました。

それはどういうことかというと、彼女は女の人を見ると抱きつきたくなる衝動を感じていた。テレビを見ていると、女の人に性欲を感じるというようなことを訴えるようになりました。実は、この思いはずいぶん前からあった、同性愛的な不安があったのです。そういった時に、「あなたは何をお母さんにしようとしていると思いますか？」と言うと、お母さんが元気になる、お母さんが生き返る、そんなことを想像して空想している。母親を生き返らせるため、母親代理である女性を自分から抱きしめて、性的な関係を持つのではないか、というイメージについても、楽に語り合えるようになりました。母親を殺したという罪悪感がさまざまな性的な妄想までつくりだしている。そして、それを行動に移すことに怯えているということも理解して、落ち着いていかれました。

彼女は一度面接で、私に対して「私が悪いんじゃない！（I'm not wrong!）」と大きな声で叫びました。彼女の最後のテーマは、いまや恋愛感情すら感じている治療者が自分をイヤになって見捨てるんじゃないかという不安となりました。彼女と私は出会いと別れについて語り合い、彼女は時間をかけて治療者との別れを達成していきました。

この患者さんは、精神分析的な治療というのはどういうものかを私にほんとうに教えてくれました。つまり、抑圧された、あるいは禁止された、あるいは見たくないというものが見られるようになることを通して人が強くなっていくということを教えてくれた症例でした。

これが私が一番最初に〈見るなの禁止〉について語るきっかけになった症例です。今から30年前にこの論文を患者の国名を出さずに発表した時、日本人のことは分かっているかもしれないが、西洋人は違うのではないか、などと言う人が出てくるかもしれないと私は考えていました。でも、私はこの時から思っていた、〈見るなの禁止〉というのは普遍的な問題だと。日本人とかイギリス人とか、どこの国の問題というものではない。みなさん苦しんでいる。

臨床例を引用しないことが多いので、いまだもって私の話は文化論であるところが大きいと思います。でも、文化論であるからこそ、臨床的で人間的なことを広く深く考える方法になると今でも思っています。広く共有しているからこそ、みんなの問題である。だからこそ、みんなで考えたい。あるいは考えるきっかけになる。

ここまで話をしてきて、さっきから歌が頭の中に浮かんでいます。別れに及んである男が、「悪いのは僕のほうさ、君じゃない」[50]って歌ったんですね。これ作ったのは僕なんですけど（笑）。なにもかも罪を引き受けて去っていくのではなくて、生き残っていきましょう。私は去りますけど、これが最後じゃないです。またどこかでお目にかかれることを願っています。みなさんどうぞお元気で、長く生き残りましょう。ありがとうございました。

50　「さらば恋人」作詞・北山修、作曲・筒見京平、歌・堺正章、1971。

主な参考文献（本文中で紹介したものは除く）
北山修・橋本雅之『日本人の〈原罪〉』（講談社現代新書、２００９）
西宮一民校注『古事記』（新潮社、１９７９）

III

「精神分析か芸術か」の葛藤

――フロイトは私のことが嫌いだと思うことから

1

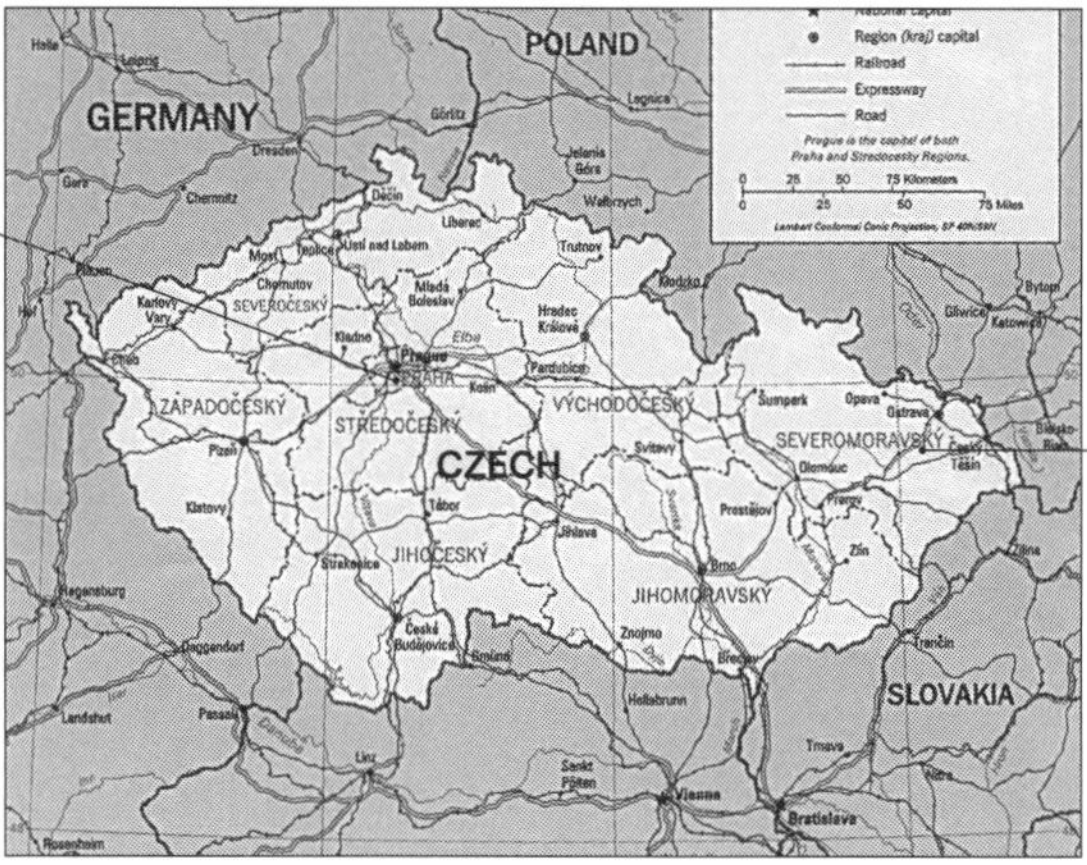

プラハ
Praha
プシボール
Příbor
GERMANY
POLAND
CZECH
SLOVAKIA
SEVEROČESKÝ
ZÁPADOČESKÝ
STŘEDOČESKÝ
VÝCHODOČESKÝ
SEVEROMORAVSKÝ
JIHOČESKÝ
JIHOMORAVSKÝ
Region (kraj) capital
Railroad
Expressway
Road

2

フロイトへの旅

スライドの最初の写真（写真1）はゼメリング鉄道で、アルプスを越えていく世界初の山岳鉄道です。フロイトもこの地域を訪れており、旅先で分析したカタリナ嬢（「ヒステリー研究」[1]）と会ったホテルはこの山々の向こうにあるそうです。私は、この地で開かれた精神分析のカンファレンス（2006年7月20―23日）に参加した後、フロイトの生まれ故郷に行ってきました。それはフロイトの芸術家をめぐるアンビバレンツの原点の舞台をこの目で見たかったからです。

そう、芸術論と言えば、フロイトは「ミケランジェロのモーゼ像」という論考の冒頭で、こういうふうに言います。

「たとえば音楽については、私はほとんど快感を感じません。私にはある合理

1　「ヒステリー研究」1895（著作集7）

主義的なもしくは分析的な素質があって、そのせいか、自分が感動していながら、その感動の理由、感動の根拠がわからないままでいるということに我慢がならないのです」[2]。

ほんとうにそうなら、このままでは苦しい人だと思いますね、フロイトという人は。そして、彼のその傾向のおかげで、精神分析はいい加減なものにならずにすんだとも言えるでしょう。でも、普通は先に感動してからゆっくり分析するところですよね。で、彼がなぜこうなってしまっているのかということに私は興味をもち、フロイトの著作を読んでいきました。

とはいえ、分析家と言えども、人はたいてい、探しているものしか見つけないものであり、人が何かを読むということは、私の中にあるものを投影して読んでいる面があるので、私自身のことをフロイトの人生を借りてお話しすることになると思います。また、「分析家か芸術家か」という、この狂おしい葛藤に関しては多くの学生たちに

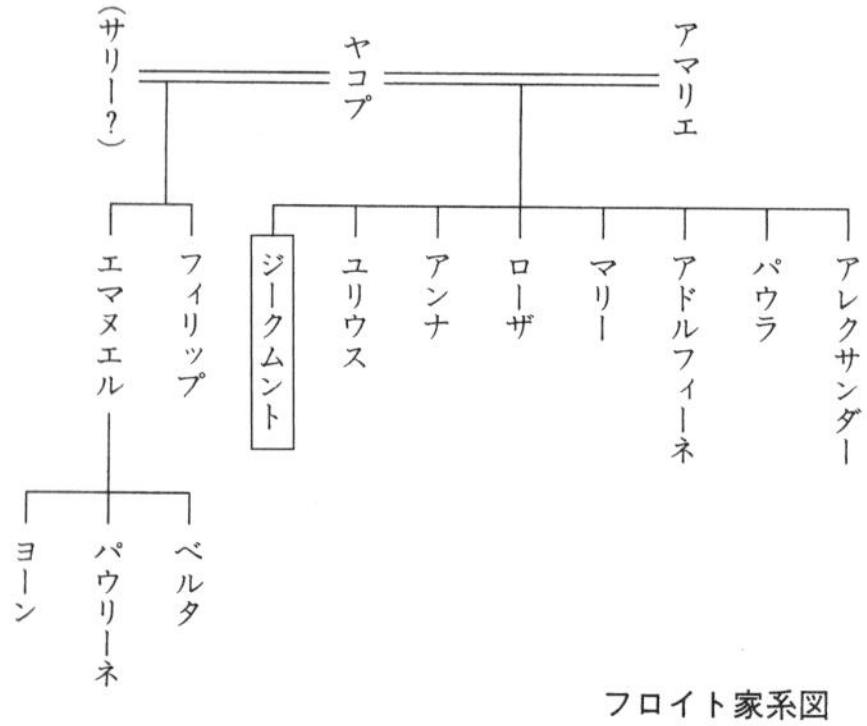

フロイト家系図

2 「ミケランジェロのモーゼ像」1914（著作集3、292頁）

も想像していただけるところがあるだろうと思います。

また、この講義の背景には、音楽が大好きな私のことをフロイトは嫌いなのではないか？ という長年の思いがあります。だから、分析家の習性として私は、彼との「嫌われている」という転移–逆転移関係を分析せねばなりません。そして最初になによりも強調しておきたいのは、人文書院、岩波書店から出ている「著作集」や「全集」という訳書のおかげで、この解読が可能になったことです。加えて、アーネスト・ジョーンズによる伝記の短縮版邦訳『フロイトの生涯』[3]、J・M・マッソン編『フロイト　フリースへの手紙』[4]なども大きな手がかりになりました。

3 E・ジョーンズ『フロイトの生涯』

4 J・M・マッソン編『フロイト　フリースへの手紙――1887―1904』

フロイトの汽車不安

それでは、フロイトの生まれ故郷から出発しましょう。フロイトの生まれ故郷に行った方もいらっしゃるかもしれませんが、この町 Příbor[5] の発音が難しいんです（図版2）。「プシボール」と表記されている例もあるんですが、かつてはドイツ語の地名で「フライベルク」と呼ばれていた町です。小さな駅がある、穏やかな町で、私はここに汽車で行きたかったし、そして、この駅から汽車で出発し

5 プシボール　現在のチェコ共和国モラヴィア・スレスコ州のもっとも古い町のひとつ。ルビナ川の両岸に沿ってのびている。フロイト生誕の地として知られる。

たかった。なぜなら、フロイトは旅行恐怖、汽車不安といわれる類のものを患っていたからです。

まさしく私がフロイトを探しているので、ホテル・フロイト、フロイト・ビール（写真4）、ペンション・フロイト（写真5）、フロイト公園（写真6）と次々に見つかります。1856年にここでフロイトは長男として生まれますが、その2年後に、生後7ヵ月の弟ユリウスが亡くなっているんですね。フロイトの家族は「子だくさん」、そのうえに「貧乏人の」と付けてもいいような状況で、次々と同胞として子どもが生まれてくるのです。

フロイトの生家は、いまも保存されています（写真3）。この家の全部を持っていたわけではなく、この2階に3部屋あって、そのなかの非常に狭い部屋にこの家族は暮らしていました。

フロイト一家はお父さんが経済的に破綻して、ほとんど夜逃げ同然でこの町を出て行くわけです。フリースへの手紙にその時の体験を書いています。3歳の時、フライベルクからライプチッヒへと汽車で移動する途中でこういうことを彼は経験しました。「初めて見たガスの炎は、僕に地獄で燃える亡霊を想い出させました」。そして「克服された僕の旅行不安はそれにかかっています[6]」とも書いています。

6　1897年12月3日付フリース宛、『フロイト　フリースへの手紙』300頁

3
フロイトの生家
(前にカウチのブロンズがある)

4　フロイト・ビールの看板

5　ペンション・フロイト

6
フロイト公園

(すべて撮影著者)

この亡霊の意味についてはさまざまな解釈がいわれていますが、私は弟の亡霊ではないかと思うのです。なぜなら、フリースに書いた手紙に、こういうことを書いている。「2歳と2歳半の間に母親に対するリビドーが目を覚ました」と。彼らはライプチッヒへ行ってからウィーンに行くのですが、この旅の夜に「裸の母親を見る機会があったはずなのです」。そして「僕は2、3ヵ月で亡くなった1歳下の弟を邪悪な願望と子どもの本物の嫉妬で迎えた」と。そしてこの弟の死によって「非難の萌芽が僕のなかに残った」。そして「この弟は僕のすべての交友関係における神経症的なところを規定しています」と言うのです。[7]

さらにアーネスト・ジョーンズはこう書いています。「汽車旅行の〈恐怖症〉が始まったのもこの時からである。分析でそれを解消するまで約12年間(1887年から99年の間)、彼はその病気にかなり苦しんだのだ。それは彼の家庭を、究極は母親の乳房を失うことに対する恐怖に結びついていることがわかったのだが、さらにはある種の幼児期の貪欲さへの反応でもあったに違いない、飢餓というパニックであった。その痕跡はのちの生活では汽車の時間に間に合うかどうかについていささか不相応な不安というかたちで残った」。[8]

7　1897年10月3日付フリース宛、『フロイト　フリースへの手紙』280頁

8　E・ジョーンズ『フロイトの生涯』33頁

フロイトの中の三角関係

弟のことは少し措いて、フロイトのもう一つの特徴で、私個人にとって重大な事柄は、彼の「音楽嫌い」です。記録を見てみますと、次こそそれがはっきりと最初に出たところかなと思います。つまり、「妹が8歳の時、非常に音楽的だった母は、彼女にピアノの練習をさせた。しかし、ピアノは〈小部屋〉から少し離れていたのにその音は若い学徒の気持ちをひどく乱したので、彼はピアノをどこかへ持っていけと主張した。(…)フロイトが音楽を毛嫌いしたことは、彼の有名な特徴の一つなのである[9]」。

もしこの記述が正しければ、母親が音楽が好きだったことは重要でしょう。そして、彼の芸術や芸術家に対する思いを探る手がかりとしては、ルードヴィッヒ・ベルネという人の『三日間で独創的な作家になる方法』という本のことも忘れてはなりません。13歳の誕生日のプレゼントとして贈られたものらしいのですが、少年時代から後年にいたるまで所有された唯一の本となったようです[10]。これが精神分析の自由連想法の発見につながったのです。この本は実は「あなたが思いつくまま、まずは書いて、そしてそれを元に文章を練り上げていきなさい」と

9　E・ジョーンズ『フロイトの生涯』36頁

10　「分析技法前史について」1920(著作集9)

いうようなことをアドバイスしているらしいのです。それで、私は単刀直入に言って、フロイトは作家になりたかったんではないかと思うんです。

さらにもう一つ芸術家との関係ですが、1880年代の中頃の青年フロイトにとって、恋人マルタを奪おうとする恋敵が芸術家であったことが記録されていま す。一人はマックス・マイエルというマルタのいとこで音楽家です。今で言うシンガー・ソングライターみたいな人で、マルタに自作の歌を歌って聞かせたと聞き、フロイトは嫉妬した[11]という記録があります。このあたりで私は、ひょっとしたらフロイトはミュージシャンとしての私のことが嫌いなのではないかと、ああ、この人はひょっとしたら私にそういう転移を向けているんだなと、個人的には思い始めるのです。これがフロイトの神経症に対する私の分析のきっかけとなりました。フロイトの芸術家に対する転移、それも大衆に向かって歌や詩を書く人物に向けての転移を分析することです。詩人と言うけれど、別のエッセイ「詩人と空想すること」[12]のなかで取り上げているように、フロイトが言っている詩人とは大衆作家ですね。

二人目の恋敵も芸術家であったとジョーンズの本に書かれています。友人でもあったフリッツ・ヴァーレ。「私は芸術家たちと科学的な仕事の細かいことに従

11 E・ジョーンズ『フロイトの生涯』89頁

12 「詩人と空想すること」1908(著作集3)

事している者たちの間には一般的な敵意が存在していると思います。彼らはその技のうちにすべての女性の心を容易に開くマスターキーを持っているというのに、一方われわれは錠前の奇妙な構造になすすべもなく立ちつくし、それに合う鍵を発見するためにまず自分自身を苦しめねばならぬことを知っています[13]」と考えたというのです。

この問題においてフロイトは自分をこの女性と芸術家との三角関係の中に位置づけて、展開しており、芸術家をライバル視し、科学者は苦労しているのに、なんとたやすく芸術家は人、それも女性の心の深層に触れることができるのだろうかと、羨ましがり、嫉妬しているという構図であります。

続いてこれは芸術家ではないんですが、フロイトの交友の歴史で必ず出てくる、2歳年下の耳鼻科医フリースです。2歳年下というと、ひょっとしたらユリウスのような「弟分か」と思いますね。精神分析は反復というのを見出そうとするんですが、フロイトは繰り返し優秀と思った人物と理想化を伴ったつきあいを行うんだけど、最後は決裂するという終わり方を反復します。しかし他方、フロイトはフリースとの体験では自己分析を深め、最も独創的な仕事の一つである「夢判断[14]」を完成させます。

その間、フロイトは再三、旅行を延期し、また何度も教授候補からはずされる。

13　E・ジョーンズ『フロイトの生涯』99頁

14　「夢判断」1900（著作集2）

行きたいんだけど、やりたいんだけど、なかなかできない、達成できない。奪い取れない、獲得できないという構図の中にフロイトは置かれています。で、1901年になって、ようやく鬱を抜けて旅行恐怖を乗り越えることができ、ローマ旅行を達成します。

一方でフリースとは絶交するんですが、フロイトとフリースが並んでいる写真をごらんになってください（写真7）。歴史家ピーター・ゲイは伝記のなかでこう解説しています。「精神分析家と被分析者との関係は、フロイトとフロイトによって高められたフリース像、すなわち〈分身〉との関係に等しいのである。フロイトがどんなに剛胆で独創的だったとしても、自分の〈分身〉になれるはずがあろうか[15]」。

さてフロイトにとって、芸術家であり、年下であり、そして分身として具体的で代表的人物のもうひとりはアルトゥール・シュニッツラー[16]（写真8）という作家です。次は、1906年にシュニッツラーに宛てた手紙の一節であります。フロイトはそこでもうすでにはっきりと〝羨ましい〟と言っているのです。

「私が対象を営々辛苦究明することによって獲得した秘密の知識のあれこれを、あなたはどこから手に入れることがおできになったのか、私はしばしば不思議に思って考えてまいりましたが、ついには現在では、これまで驚嘆の対象であった

7

15　P・ゲイ『フロイト』1、115頁

16　アルトゥール・シュニッツラー（1862―1931）オーストリアの医者、作家・劇作家。ウィーン世紀末的雰囲気を帯びた筆致で恋愛と死を描いた。新ロマン主義の作家。作品に『アナトール』『夢小説』など。

詩人という存在を羨ましく思うまでになりました[17]」。

シュニッツラーは幻想的な小説を書いています。日本語になっているものもあります。ピーター・ゲイによるシュニッツラーについての解説[18]によると、このシュニッツラーの残した日記には、女性たちとのかなりスキャンダラスな私生活が書かれているそうです。それでこの人も医者の息子で自らも医師なのですが、同時にフロイトから見て、女性の心を開くマスターキーを持っている人だと言えるのです。

フロイトの罪悪感

さて、私たちが訳したフロイトの『「ねずみ男」精神分析の記録[19]』のなかにこういう逆転移の記録があります。1907年10月14日のことで、2度も「ねずみ男」の姉が死のことを話題にした、というところがあるのですが、フロイトはそれを扱えないのです。「忘れてしまったのは、私自身のコンプレックスのせいだった[20]」と書いてます。これは逆転移の記録としては、非常に貴重な早期の記録だと思うんですが、このコンプレックスの中身というのが、弟を嫉妬の炎で迎えて、そしてその嫉妬の果てに弟が死んでしまったということを指しているんですね。

17　1906年5月8日付シュニッツラー宛（著作集8、260頁）

18　P・ゲイ『シュニッツラーの世紀』

19　フロイト『「ねずみ男」精神分析の記録』1906―07

20　『「ねずみ男」精神分析の記録』56頁

8

つまり罪悪感です。

この分析でフロイトが罪悪感を説明する時に、死んでしまえと思った愛すべき人が、たまたま死ぬと、心的に殺してしまったという思いが発生し、そしてそれに苦しんでいるという理解が出てきます。[21] そのモデルをここに使えば、フロイトは愛すべき弟を殺してしまったということが錯綜した思いになって、彼自身の罪悪感を生んでいるということなんですね。

フロイトの神経症傾向と言えば、もう一つあります。それは失神という問題で、ユング[22]の前で2度気絶してるんですね。ユングの前で気絶したら一生言われるというか、孫子の代まで言われているんですが（笑）。1912年ミュンヘンで自分の仕事がスイス人たちに無視されていることを批判した時、もうひとりの年下の分身でありライバルであるユングの前で気絶しているのです。で、さらにジョーンズの記録によれば、フェレンツィ[23]がこの出来事を聞いて、1909年にアメリカへの旅行に出発しようとしていた時にもブレーメンで似たようなことがフロイトに起こったのを思い出します。その場合もこの時と同じく、フロイトがユングに対してちょっとした勝利を収めた時であったというのです。

ここで改めて偉いなあと思うのは、フロイトはこれを自己分析するのです。自分の失神という反応を分析したフロイトは、発作は、すべて1歳7ヵ月の時に起

21　フロイト「強迫神経症の一症例に関する考察」1909（著作集9）

22　C・G・ユング（1875－1961）スイスの精神医学者・分析心理学の創始者。フロイトの『夢判断』を読み感激しフロイトを訪ね、以後両者は協調して精神分析学の発展に尽力する。フロイトの後継者とみなされるに至るが、しだいに両者の考えの相違が明らかとなり、論争を重ねた末に訣別。その後、数年にわたって強い方向喪失感に襲われ、内的危機に直面する。この時期に体験した〈無意識の対決〉を基礎に学術的検討を加え、独自の分析心理学の体系を確立。

こった弟の死が自分に与えた影響に溯ることができると考えました。したがってフロイトは自分自身のことを、敵を負かした成功によって苦悩するという、「成功によって破滅する人々」――フロイトにはそういう人たちの神経症傾向を記述している論考[24]があるんですが――のあまりひどくない症例であったらしいとするのです。その成功の最初の例が、彼の小さな弟ユリウスに死の願望を抱いて、それが成就したことであったというのが、側近であったジョーンズの理解ですね。

ちゃんとこういうことをフロイトは自覚していたし、フロイトの周囲もこのことを理解していたのです。そして、これを記録していることにも学ぶところが多いですね。もちろんこの背後には他にもいろんなことがあるだろうと思います。特にルイス・ブレーガー[25]が指摘するようにお母さんとの問題や、その関心を奪い続けた他の弟妹たちの存在があるのでしょう。

フロイトのアンビバレンツ

しかしどれほど洞察しても、もう一方のライバルである芸術家への態度が変わらないんです。前述のフロイトの恋敵についての印象、これはもう何度もフロイトの芸術家論に表われます。これはフロイトの芸術家に対する一つの有名な分析

ユングは、人間の心の世界には個人的無意識と普遍的無意識という二つの層が存在し、後者はひろく人類に共通であり、そこに古来からある神話、伝説、昔話などと共通の〈元型〉が存在すると仮定した。活動の後期には、キリスト教と自然科学を相対化する努力を続け、ヨーロッパ史の表面には現れなかった秘教的伝統を研究した。中国の〈道〉の考えにも影響を受け、『易経』や、日本の禅などの紹介にも努めた。主な著書に『心理学と錬金術』『アイオーン』『結合の神秘』がある。

23　S・フェレンツィ（1873―1933）　ハンガリーの精神分析家。当初フロイトの門下で精神分析運動に加わり、ハンガリー学派を形成。やがて患者の能動性やパーソナリティを重視し、逆転移に重点を置くなど、フロイト的な治療態度を対抗規準に治療技法を考えるようになる。精神分析技法への改革の態度によって精神分析に大き

なんですが、「〈愛情生活の心理学〉への諸寄与」という論文でこういうふうに書いています。

「そこで科学が詩よりも手つきが不器用でも、人に与えることのできる快感は詩に比べて少ないとしても、人間が数千年来、詩人によって手を加えられたかたちで味わい、楽しんできたのと同じ材料を研究対象にするということが避けがたいことになるのである[26]」。

ここでちょっとみなさんに問いかけてみたい。われわれは詩人が取り扱っている領域で同じ素材を取り扱っているのでしょうか。そして、科学とはまさにわれわれ人間の心の作業にとって快感原則との完全な決別を意味するものなのでしょうか。ほんとうに科学ってそんなに面白くないものなんでしょうか。フロイトには何事も二つに分けて考える二分法の思考傾向があるんですね。ここでは、同じ素材に芸術家は楽しみながらアプローチしているというのに、分析家はまったく快感原則を否定されたところで取り扱っている、という。

芸術家へのアンビバレンツ、とくに音楽に対しては、最初に引用したように、フロイトは論文「ミケランジェロのモーゼ像」の冒頭で書いていています。続いて『精神分析入門』でも、「芸術家は強すぎるともいえる欲動の欲求にかられ、名誉、権力、富、名声および婦人の愛を獲得したいと望んでいるのです[27]」と、いつもの

く貢献した代表的な分析家。

24 「成功によって破滅する人々」1916、「精神分析研究からみた二、三の性格類型」(著作集6)

25 L・ブレーガー『フロイト——視野の暗点』

26 「〈愛情生活の心理学〉への諸寄与」1910—12(著作集10、176頁)

27 『精神分析入門』1916

調子で芸術家は神経症予備軍であると言います。こうやって読んでいると私は、弟たちにお母さんを、つまり婦人の愛を奪われ、嫉妬の炎で迎えた、そのポジションの反復だと思うんです。

それが私個人に向けられていると感じるんですね。うるさい音楽を奏でる私のことなんか嫌いだと言っているような感じですね。ただし、これに続けてフロイトが言っている芸術家の抑圧が「もろい」という観察は、私に関する限り正しくて、そのために色んなことが思い浮かぶために、連想は豊富かもしれないが、それをとりまとめる段階で「言い間違い」や失言などが生まれやすい。そこが、私が粗忽であるという悩ましい側面ですね（笑）。

フロイトはもっとしまりのいい人でしょう。そして、彼自身のこの問題は延々続きます。

次は「無気味なもの」という論文です。読者には、是非ともこれを読まれることをお勧めします。フロイトが文学に追いかけられて、文学を分析し、文学こそ無気味なものであるというふうに感じているように思うし、この論文は、引き出しの中にあったものを出したり入れたりしながら書いたというような記述もある。さらに、多くの方が「無気味なもの」を読まれて、これは精神分析の本質を描いたものである、と言います。つまりフロイト自身が無気味なものを経験し、無気

——17（著作集1、310頁）

味なものと戦っているし、2章で終わればよかったのに3章にまで及んで、またはじめるっていうか、ちっとも解決しない文学との競争関係をそこにみることができます。そして注目すべきは、そこに付されている注ですね。汽車の中に、特に寝台車の車室に分身が現われるというフロイト自身の経験の記録です。[28]

論文ではフロイトが書いていることは実に劇化され、言っていることがやっていることになっている。それがこの論文の最大の魅力だと思います。フロイトは言っていることをやっている、やっていることを書いている、つまり分析している。まさしく転移分析ですね。その上、「無気味なものとは慣れ親しんだもののことである」という結論にいたるのです。つまり追いかけている相手は自分だったというようなお話です。いまで言うところの投影同一化[29]というようなことが起こっていると思うのですが、自分の中の芸術家を分身に投影して彼は戦い苦しんでいるのです。

1922年に、シュニッツラーにもう一度手紙を書きます。「私はあなたに一つの告白をしようと思います」と。とうとうフロイトは芸術家に告白をします。「どうか私のためにあなたひとりの胸に秘めておいてください。友人にもその他の人にも」。

フロイトは、ここだけの話にしてくださいと素直になり、まさしく精神療法的

28 「無気味なもの」1919(著作集3、353頁)

29 投影同一化　メラニー・クラインによる概念で、妄想分裂ポジションにおいて、世界に向けて排出される幻想とそれにともなう防衛機制、心的操作として導入されたもの。
クラインによれば、乳児は抱えられない自己の悪い側面を母親の内部に(上に、ではなく)投影/排出し、その結果母親像を害したり内側から支配したりして、実際の母親は投影された悪い側面と同一視される。そし

なやりとりをしていると思うんですが、〝私はあなたが嫌いなのです〟と言っているのです。で、「どうしてここ何年もあなたとの交際を願い、会話を交わす試みを1度もせずにきたのかという問いに悩まされておりました」と。「思うに、私はあなたを避けてきたのは一種の分身嫌いからであります」[30]と。とうとう言うべき人に嫌いだと言えた。私の治療論では、シュニッツラーはフロイトのアンビバレンツの対象となりながら、それを経験するフロイトの自我を支えていたのではないか、そうだとしたら、シュニッツラーは良い仕事をしたと言えましょう。

　このあたりぐらいでもう芸術家への態度が変わってきてもいいのではないかと思うんだけど、変わらないんですね。フロイトは「科学者か、芸術家か」、このどっちが偉いかという問いに、完全に巻き込まれてしまっていると思います。で、ほとんど〝芸術家は他人に取り入るが、私たちは真実を追究するために絶対に媚は売らない。女を誘惑しない〟と言っているのです。しかし結局は、フロイトは自分の嫌いな芸術家にもなっていくんですね。いまや日本にシュニッツラーの翻訳なんて、現状では数冊しかないのです。フロイトの著作はいまや人文書院からは出てるわ、岩波書店からは出るわ、なんですね。どちらが読まれているかというと、圧倒的にフロイトです。その魅力はどこにあるかというと、一つはフロイトの芸術性ですよね。このことについては『現代フロイト読本』[31]にも私は書いて

て、自己の一部が排出される結果、乳児自身は内部の枯渇を体験し空虚となる。
　これはクラインの死後、クライン派の中心概念となった。ビオンはこれを単に投影の主体（乳児／患者）の万能的空想だけの問題としてではなく、その受け手（母親／分析家）の包容力（相手の悪い投影を受けてこれを抱えてこなす力）に左右されるプロセスとして描き出した。

30　1922年5月14日付シュニッツラー宛（著作集8、347頁）

31　北山修「私有化された「フ

います。

　また、フロイトの住んでいた場所にも意味があると私は考えています。フロイトの家があったベルクガッセ（Berggasse）という通り、これは「山の道」という意味です。その裾野がユダヤ人地区で、頂上にあるのが大学ですね。フロイトが上り詰めようとしていたウィーン大学と自分の出身であるユダヤ人地区の途中の「山の道」で開業していた。この場所も意味があると思う。行こうとして行けないところが上にありながら、後ろから追いかけてくるものがあるというか、そういう場所に彼は暮らしていた。写真（写真9）の向こうの上のほうが坂になっているんですね。

「大洋感情はどこにも見つからない」

　この年下の分身との関係は延々と続いて、今度はロマン・ロラン[32]とのやりとりとなります。10歳年下の分身です。ロマン・ロランはフロイトから『ある錯覚の未来』[33]という本を贈られ、その返事として「大洋的な感情」という宗教的な感情を肯定的に書いた手紙をフロイトに出すのです。

　これに対するフロイトの言葉は、芸術や宗教が提供するような大洋的な感情は

ロイトを読む」」、『現代フロイト読本』1、365―395頁

32　ロマン・ロラン（1866―1944）　フランスの理想主義的ヒューマニズム／平和主義を掲げた作家。1915年度のノーベル文学賞を受賞。代表作に『魅せられたる魂』『ピエールとリュース』など。

私のどこを探しても見つからない、というものでした。[34] いや、絶対あると思うんですが、でもそれは投影されてしまって、分身たちによって引き受けられてしまっている。

しかしながら、逆に彼は芸術家的な創造性が評価され、文学賞であるゲーテ賞を贈られます（１９３０）。一方望んでいたノーベル賞の医学生理学賞では何度も候補者として推薦されていましたが、選ばれていません。そして特筆されるべきは１９３６年にノーベル賞の文学賞で、ロマン・ロラン（自身が１９１５年の

33　『ある幻想の未来』１９２７（著作集３）

34　「文化への不満」（著作集３、４３２頁）

9　1938年のベルクガッセ19

10　現在のベルクガッセ19（撮影著者）

文学賞受賞者）によって候補者として推薦されていることでしょう。[35] フロイトには、芸術家が嫌いだという面があったが、つきあった芸術家たちはフロイトが好きなようです。

そして、作家トーマス・マンが、フロイト80歳の誕生日の講演「フロイトと未来」[36]（1936）で重要なことを語っています。つまり、芸術と、精神分析あるいは科学、これらが同じものに向かう、真実を明らかにする非常にすぐれた二つの方法であると。そう考えているのはフロイトだけではなく、フロイトだけがこの競争に巻き込まれていたというわけではないということです。でも神経症的になっていたし、芸術家たちはそれをしっかりと受けとめていた。その結果、彼は類稀なる著作の数々を編み出すことができたと言ってもいいんではないかと思うんですね。

35　ノーベル賞のHPを見ると、フロイトは医学生理学賞では合計37回、文学賞では1回推薦（ロマン・ロラン）されている。詳しくはノーベル財団の公式HPを参照のこと。http://nobelprize.org/

36　トーマス・マン「フロイトと未来」、『トーマス・マン全集』IX（新潮社、1971）所収

フロイトが到着したところ

さて、フロイトは最後に心安らかになったんだろうか。これが私の最後の問いかけです。答えは1936年、ロマン・ロランの70歳の誕生日に捧げた「アクロポリスでのある記憶障害」というエッセイにあるようです。1904年、ようや

11

く10歳年下の末の弟アレクサンダーとギリシャに出かけることができ、その時、こんなふうに感じたと書いているんです。「私はあの時アクロポリスで弟にこう問いかけることもできたでしょう。(…)いま僕たちはアテネにいる。アクロポリスに立っているんだ。僕たちは本当に成功したんだね、と[37]」。

旅行不安に悩まされ、これを克服したフロイトはこのエッセイの最後に書く。「私自身が年をとり、寛大な扱いを受ける必要ができたとき、もう旅することができなくなりました」。そしてようやく彼はウィーンを出ることができるんですね。さまざまな人からさまざまなかたちで亡命をすすめられながら、経済的なことも含めいろんな事情があり決心しなかった。そして1939年、ロンドンで客死に近い格好で亡くなります。

37　「アクロポリスでのある記憶障害」1936（著作集11、270頁）

最後の写真（写真11）はフロイトが上り詰めた丘、アクロポリスです。この丘をめぐって「科学者が偉いか、芸術家が偉いか」の競争に巻き込まれていたと言えるでしょう。そして結局、心に関しては「科学者が偉い」という結論ですね。それには同胞葛藤があり、振り向かない母親の関心を得る者への嫉妬、歌って母親たちの関心を得ようとする者への嫉妬がある。その原点がうるさい弟たちとの母親の関心や乳房をめぐる三角関係だと思うのですが。その結果、世界で最も読まれ続けている科学的で芸術的なエッセイや論文の作者となったのです。

しかし、ここで忘れてはいけないことがある。精神分析固有の、当事者が二人で二者的な言語をつかうパーソナル・コミュニケーションであることと、マス・コミュニケーション、つまり第三者の関心を得ようとして人前で歌ったり、エッセイを書いたりすることとの間には、決定的な差があるはずなのです。精神分析に固有であるはずのものを、マス・コミュニケーションとの混同のために見えにくくしたんではないかと、私たちはこの一連のフロイトのマス・コミュニケーションを無意識的に意識している苦しみを分析しながら思うわけですね。

しかし、私はフロイトの神経症的葛藤のお話をしましたが、そのおかげで彼の評価が下がるとしたらとんでもないことです。その自己分析の記録を見ても、また、その著作が後世に残した功績を見ても、私を含め凡百のどんな分析家より、大人でしっかりした人であることには間違いはないのです。

　そして最後に付録のようなお話ですが、これを遠くで見ていたE・H・エリクソン[38]（写真12）の興味深いエピソードをご紹介して終わりたいのです。物心ついたエリクソンにはお父さんがいなかった。養父はユダヤ人の医師であった。しかし自分が金髪だから、空想のなかでは、金髪の芸術家がお父さんではないかと、芸術家だったらあのお母さんとできてもおかしくないし、その結果生まれたんではないかと彼は考えていたと思います。最終的にその両方をフロイトの姿に発見するんですね。芸術家であり、なおかつ科学者で医者であるフロイトに。それでエリクソンはフロイトのところで学ぶようになりました。

　私もそうですが、このなかにもそういう方が多いんじゃないかと思う。たぶん私もその両方をフロイトに見出して、惚れこんでるんだと思うんですね。しかし科学を目指せば芸術が干渉し、芸術を目指せば科学が邪魔をする、という三角関係の葛藤は簡単には解決しないのです。

38　E・H・エリクソン（1902－94）　ドイツ生まれの精神分析家・発達心理学者。母親はユダヤ系デンマーク人、父親は定かではない。ウィーンでアンナ・フロイトに分析を受け、1933年、ナチスの台頭によりアメリカへ亡命、米国籍を取得。青年期の発達課題として「アイデンティティ」概念を生み出した。

12

参考文献

北山修『劇的な精神分析入門』みすず書房、２００７
北山修「『無気味なもの』――フロイトは何を見たのか」、『現代フロイト読本』２（みすず書房、２００８）所収
P・ゲイ（２００１）『シュニッツラーの世紀――中流階級文化の成立　１８１５―１９１４』（田中祐介訳、岩波書店、２００４）
P・ゲイ（１９８８）『フロイト』１・２（鈴木晶訳、みすず書房、１９９７・２００４）
E・ジョーンズ（１９６１）『フロイトの生涯』（竹友安彦他訳、紀伊國屋書店、１９６９）
L・J・フリードマン（１９９９）『エリクソンの人生』上（やまだようこ他訳、新曜社、２００３）
L・ブレーガー（２０００）『フロイト――視野の暗点』（後藤素視・弘田洋二監訳、里文出版、２００７）
フロイト（１９０６―０７）『「ねずみ男」精神分析の記録』（北山修編集・監訳、人文書院、２００６）
J・M・マッソン編（１９８５）『フロイト　フリースへの手紙――１８８７―１９０４』（河田晃訳、誠信書房、２００１）
P・マホーニィ（１９８７）『フロイトの書き方』（北山修監訳、誠信書房、１９９６）

＊　フロイトの言説については、『フロイト著作集』（全11巻、人文書院）を主に参照した。その他の文献も含め引用に際してそのままの部分もあれば、訳語を少し修正したところもある。また、独語版、英訳版からも多くを学んだことを記して感謝したい。

著作リスト（専門誌所収の論文は除く）

■単著

［精神分析学関係］

1982 『悲劇の発生論――精神分析の理解のために』金剛出版

1985 『錯覚と脱錯覚――ウィニコットの臨床感覚』岩崎学術出版社

1988 『増補 悲劇の発生論――精神分析の理解のために』金剛出版

『心の消化と排出――文字通りの体験が比喩になる過程』創元社

1993 『見るなの禁止』北山修著作集・第1巻、岩崎学術出版社

『言葉の橋渡し機能』北山修著作集・第2巻、岩崎学術出版社

『自分と居場所』北山修著作集・第3巻、岩崎学術出版社

2001 『幻滅論』みすず書房

『精神分析理論と臨床』誠信書房

2004 『増補版 錯覚と脱錯覚――ウィニコットの臨床感覚』岩崎学術出版社

2007 『劇的な精神分析入門』みすず書房

2009 『覆いをとること・つくること』岩崎学術出版社

2010 *Prohibition of Don't Look: Living through Psychoanalysis and Culture in Japan* 岩崎学術出版社

[文化論関係]

1969 『くたばれ芸能野郎』自由国民社
1971 『戦争を知らない子供たち』ブロンズ社
『さすらいびとの子守唄』角川書店
1973 『ピエロの歌』角川書店
1975 『白いクジラの泳ぐ空』（広野勝絵）ブロンズ社
『止まらない回転木馬』中央公論社
1977 『人形遊び——複製人形論序説』中央公論社
1979 『サングラスの少女』中央公論社
1981 『ジョン・レノン——All that John Lennon 1940–1980』（共著）中央公論社
1983 『人形は語らない——出会いの不在－不在との出会い』朝日出版社
1985 『うい・あー・のっと・ざ・わーるど』彩古書房
『他人のままで』集英社（きたやまおさむ名義）
1987 『ビートルズ』講談社現代新書（きたやまおさむ名義）
1997 『みんなの精神科』講談社（きたやまおさむ名義）
『みんなの深層心理』講談社（きたやまおさむ名義）
1999 『心のカタチ、心の歌』講談社（きたやまおさむ名義）
2005-06 『ふりかえったら風』1—3巻、みすず書房
2008 『北山修／きたやまおさむ 百歌撰』（編著）ヤマハミュージックメディア
2009 『ビートルズを知らない子どもたちへ』アルテスパブリッシング（きたやまおさむ名義）

■共著

1993 『こころから言葉へ』（共著）弘文堂

『改訂版・精神医学辞典』（共編著）弘文堂
1996 『日本語臨床1 恥』（編著）星和書店
1997 『日本語臨床2 〈自分〉と〈自分がない〉』（編著）星和書店
1999 『日本語臨床3 〈甘え〉について考える』（編著）星和書店
2001 『阿闍世コンプレックス』（共編著）創元社
2002 『精神分析事典』（共編著）岩崎学術出版社
2004 『語り・物語・精神療法』（共編著）日本評論社
2005 『こころを癒す音楽』（編著）講談社
『共視論』（編著）講談社選書メチエ
2006 『日常臨床語辞典』（共編著）誠信書房
2007 『今語る あの時 あの歌 きたやまおさむ――ザ・フォーク・クルセダーズから還暦まで』（共著）アートデイズ
2008 『現代フロイト読本』1・2（編著）みすず書房
2009 『罪の日本語臨床』（共編著）創元社
『日本人の〈原罪〉』（共著）講談社現代新書

■**分担執筆**（主要なもののみ掲載）

1982 「〈この国〉における父と母の位置づけ」、馬場謙一編『青年期の精神療法』金剛出版
「治療の終結」、小此木啓吾他編「精神分析セミナー」岩崎学術出版社
1986 「多重人格」、詫磨武俊監修「パッケージ・性格の心理3 「問題行動と性格」」ブレーン出版
1989 「移行期における〈わたし〉の危機」、河合隼雄編『心とは（岩波講座 転換期における人間3）』岩波書店

1989 「文化と精神療法」、河合隼雄編『臨床心理学大系9 心理療法3』金子書房
1999 「対象関係論」、岩崎徹也・小出浩之編『臨床精神医学』第15巻、中山書店
2006 「母性と心身一如性」、日本女性心身医学会編『女性心身医学』永井書店

■翻訳

1979 H・ブレイサー『ぼく自身のノオト』人文書院
S・ラックマン『恐怖の意味——行動療法の立場から』誠信書房
1982 M・ラター／L・ハーソブ編『最新児童精神医学』（共訳）ルーガル社
1985 M・クライン著作集4『妄想的分裂的世界』（共訳）誠信書房
1988 D・W・ウィニコット『小児医学から児童分析へ——ウィニコット臨床論文集1』（監訳）岩崎学術出版社
1989 D・W・ウィニコット『抱えることと解釈——精神分析治療の記録』（監訳）岩崎学術出版社
1990 D・W・ウィニコット『児童分析から精神分析へ——ウィニコット臨床論文集2』（監訳）岩崎学術出版社
1996 P・マホーニィ『フロイトの書き方』（監訳）誠信書房
2002 D・W・ウィニコット『ウィニコット書簡集』（共監訳）岩崎学術出版社
2005 J・ストレイチー『フロイト全著作解説』（編集・監訳）人文書院
2006 S・フロイト『「ねずみ男」精神分析の記録』（編集・監訳）人文書院
2008 J・サンドラー他『患者と分析者——精神分析の基礎知識 第2版』（共監訳）誠信書房
P・フォナギー『愛着理論と精神分析』（共監訳）誠信書房

あとがき

本書には、この半年の間に九州大学を中心にして行った、精神分析学に関する授業や講義がいくつか収められている。「最後の授業」とか「最終講義」というものは、それこそ長い大学人生活の「あとがき」のようなものなのだから、屋上屋を架するがごとき「あとがき」は要らないもののように感じていた。それでここでは、多くを書かない。

内容は、元はと言えば、私が人間として粗忽者であったこと、その上、精神分析家になる時に受けていたトレーニングが、完全なものはないとはいえ、不十分であったことが基本、あるいは原点である。それで、先人たちがそうしたように自分に関する自己分析が続き、それに対応して臨床体験は深化していった。その成果をベースにしながらあまりに自分やケースに関わるプライベートなことを捨象して、一般向けに語れるかたちで出来上がった「気づきの積み重ね」がここに仕込まれている。

仕込みから熟成の経過で、毎年変化する学生を相手に同様のテーマが何度も授業で繰り返された。批判的に、そして唐突に引用されたと見えるかもしれぬ、ジークムント・フロイトからマイケル・ジャクソン、そして物語の〈与ひょう〉や伊邪那岐たちは、出発の時点では皆、私や誰かのことであり、今でも言わば分身なのである。そういう精神分析の創始者や文化的なヒーローを持ち出すことができたので、心の専門家を目指す若い聴衆も対話や同一化の対象を見出すことができるし、立ち止まり自分のことや誰かの心のことについてしばし考えることができるのだ。私は、ここで心を見て、診て、看て、数十年経ち、先日の退職を契機にして、後進に伝えたい「心をみる方法」もここでまとまり一区切りついたようだ。

今、その全体を要約するなら、音楽を母親に科学を父親にして生まれた者たちの心の物語であり、それがゆえに私的で現代的であり、もちろん生きている限りはこれから後もまだ続くかもしれぬ。

最終講義の時、大学人としての最後は私の好きな言葉で閉じたいと思い、あるバレエダンサーの次の言葉を紹介した。

「どう踊ればいいのか、ようやくわかった時に体がいうことをきかず辞めねばならない。人生ってそういうもんだ。」

しかし、九州から離れ関東に再適応しているこのただ今、人間関係でどうやればいいのかまた分からなくなり、自分の内と外が微妙にうまく噛み合わず新たな面倒や苦労が始まった。人生は、面白いがいつまでたってもうまくいかない。だから自分の問題を言葉で考えることを止めるわけにいかないし、それが心を言葉で取り扱う臨床人としての語彙力を高めるものと信じる。学生たちに繰り返し言ってきたように、自分の人生について語りながら生きることは、苦しいが楽しいことも多い。

最後は、そういう苦労を抱えてくれた私の家族と大学や臨床の関係者、同僚、そして学生たちとスタッフに感謝の意を表したい。私がこの20年をなんとか無事に終えることができたのは、そういう人的な環境のおかげである。また、発表や講演を機会にして、内外から情報をご提供いただき、紹介できる絵や写真も増えた。いちいちお名前を挙げなかったが、そういう学問的出会いや文化的交流はなによりも貴重であった。そして、この喋り言葉を文章にまとめていただき脚注作りをお手伝いいただいた、みすず書房の編集者・小川純子さんに感謝する。

2010年6月19日

大原の産屋からの帰りに　　北山　修

著者略歴

（きたやま・おさむ）

1946年淡路島生まれ．精神科医．医学博士．'72年，京都府立医科大学卒業後，札幌医科大学内科研修生を経て，ロンドンのモーズレイ病院およびロンドン大学精神医学研究所にて2年研修．帰国後北山医院（現南青山心理相談室）院長．1991年10月より九州大学教育学部で教鞭をとり，2010年3月まで九州大学大学院人間環境学研究院・医学研究院教授．元日本精神分析学会会長，元日本精神分析協会会長．九州大学名誉教授．2011年日本精神分析学会賞（古澤賞），2013年同出版賞（小此木賞）を受賞．主な著書に『悲劇の発生論』（金剛出版，1982／増補新装版，1997）『幻滅論』（みすず書房，2001／増補版，2012）『精神分析理論と臨床』（誠信書房，2001）『共視論』（共著，講談社，2005）『劇的な精神分析入門』（みすず書房，2007）『覆いをとること・つくること』（岩崎学術出版社，2009）『評価の分かれるところに』（誠信書房，2013）『意味としての心』（みすず書房，2014）『「内なる外国人」』（編著，みすず書房，2017）など．主な監訳書にD・W・ウィニコット『小児医学から児童分析へ』（岩崎学術出版社，1988），J・ストレイチー『フロイト全著作解説』（編集・監訳，人文書院，2005），フロイト『「ねずみ男」精神分析の記録』（編集・監訳，人文書院，2006）『フロイトと日本人』（編著，岩崎学術出版社，2011）など．
同時にミュージシャン・作詞家として，'65年，大学在学中にザ・フォーク・クルセダーズ結成に参加し，'67年「帰って来たヨッパライ」が代表作．作詞の仕事を続け，'71年「戦争を知らない子供たち」で日本レコード大賞作詞賞を受賞．現在，平仮名のペンネームを使用．

北山 修

最後の授業

心をみる人たち へ

2010年 7月26日 第1刷発行
2022年 4月 8日 第13刷発行

発行所 株式会社 みすず書房
〒113-0033 東京都文京区本郷2丁目20-7
電話 03-3814-0131(営業) 03-3815-9181(編集)
www.msz.co.jp

本文組版 キャップス
本文印刷・製本 中央精版印刷
扉・表紙・カバー印刷所 リヒトプランニング

ISBN 978-4-622-07543-1
[さいごのじゅぎょう]